# PAGES

# RÉTROSPECTIVES

PAR

## ABEL HUARD

Souvenir d'Afrique. — Scènes de la vie militaire.
Le Combat de Loigny (2 décembre 1870).
Vision.
La Tombe du Turco (Épisode de la guerre de 1870).
Une Aventure de jeunesse.
Un Dîner à la campagne.
Un Braconnier sans le savoir.
Impressions de voyage. — Notice sur Jauville.
L'Étranger. — En vacances.

## ORLÉANS

IMPRIMERIE DE PAUL PIGELET
8, RUE SAINT-ÉTIENNE, 8

—

1896

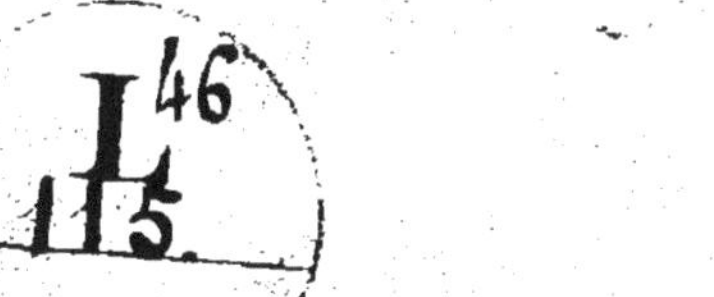

# PAGES RÉTROSPECTIVES

# PAGES

# RÉTROSPECTIVES

PAR

## Abel HUARD

Souvenir d'Afrique. — Scènes de la vie militaire.
Le Combat de Loigny (2 décembre 1870).
Vision.
La Tombe du Turco (Épisode de la guerre de 1870).
Une Aventure de jeunesse.
Un Dîner à la campagne.
Un Braconnier sans le savoir.
Impressions de voyage. — Notice sur Janville.
L'Étranger. — En vacances.

ORLÉANS

IMPRIMERIE DE PAUL PIGELET
8, RUE SAINT-ÉTIENNE, 8

—

1896

# SOUVENIR D'AFRIQUE

~~~~~~~~

LE soleil vient de disparaître à l'horizon, et le jour fait place à la nuit, nuit sans lune, obscure, en dépit du scintillement des étoiles, qui étincellent dans l'azur comme les facettes d'un diamant. Tout à coup, des lueurs rouges et sinistres apparaissent sur les hauteurs environnantes. De tous côtés s'élèvent de longues colonnes de fumée, gigantesques fanaux, dont la clarté s'aperçoit de vingt lieues à la ronde. Les vieux soldats de la garnison hochent silencieusement la tête; ils savent à quoi s'en tenir sur ces incendies qui sont généralement les précurseurs d'épouvantables catastrophes. C'est le télégraphe aérien, à l'aide duquel les Arabes se transmettent les nouvelles à une distance énorme avec une rapidité prodigieuse. Il
~~~~~~~~

circule à l'état-major des bruits de la plus haute gravité ; on dit que l'Islam se réveille, que les marabouts prêchent la guerre sainte dans les tribus, et que de toutes parts, dans les Douars, dans les Ksours, sous la tente à poil de chameau du nomade, comme sur la terrasse des minarets retentit le cri de « Mort au Roumis ». On dit que la poudre va parler, et que les Touaregs eux-mêmes, ces cavaliers fantastiques au long voile noir, ces cosaques de l'Ukraine du Sahara, accourent des profondeurs du désert avec la rapidité du simoun.

Mais, Dieu merci, les Roumis ne s'effraient pas outre mesure ; ils ont le cœur bien placé ; et leur pouls n'en bat pas plus vite. Messieurs les Touaregs vont trouver à qui parler, dans la personne, de « parlant à », comme disent les huissiers, Messieurs les spahis rouges et les chasseurs d'Afrique au dolman bleu.

J'étais à l'époque, en 1868, sergent-fourrier à la légion étrangère, en garnison à Oran. De nombreuses dépêchés ne tardèrent pas à venir confirmer ces bruits d'insurrection. Les tribus du Sud, il n'y avait plus à en douter, s'étaient révoltées, avaient refusé de payer l'impôt, et juré de couper la tête à tous les percepteurs. Si étrange que cela paraisse, étant donné le sentiment du devoir qui anime généralement cette classe de fonctionnaires, on n'en trouva pas un seul disposé à faire ce sacri-

fice. Pas un ! le croiriez-vous ! qui voulût marcher
sur les traces de Régulus et Mucius Scévola. Décidément l'héroïsme s'en va. C'est alors que le gouvernement, qui voulait avoir le dernier mot, se
décida à faire appuyer le porteur de contraintes par
une colonne de quinze cents hommes. Ma compagnie s'y trouvait comprise ; j'étais donc destiné
à faire ma partie de flingot dans ce concert d'un
nouveau genre ; mais auparavant, en homme pratique et qui a du bien, je résolus de mettre en
ordre mes petites affaires. Je n'avais pas de temps
à perdre, ma compagnie se mettant en route le
lendemain matin à trois heures. Comme le philosophe Bias, je portais toute ma fortune sur moi,
c'est-à-dire ma montre et un titré de rente de
50 fr. au porteur, provenant d'un petit héritage.
La veille de mon départ, je me rendis chez Fatma,
une connaissance à moi, qui demeurait dans le bas
de la ville, au quartier de la marine, et dont la
société n'avait pas peu contribué à charmer les
ennuis de la vie de garnison. « Blonde fille de l'oasis,
lui dis-je, toi, dont les yeux ont à la fois la douceur
de ceux d'une gazelle et l'éclat de la lame d'un
yatagan, toi dont les lèvres sont plus rouges que
la grenade, et la peau plus blanche que le lait, toi
dont la poitrine ressort opulente à travers les plis
de la gandourah, et dont les hanches aux contours
harmonieux rappellent la croupe arrondie de la

jument du prophète, et les ondulations des grands sables du désert, je te fais mes adieux. Mais, auparavant, je te confie ma montre et ce titre de rente ; je te les lègue en toute propriété, pour le cas où je ne reviendrais pas. » A cette triste nouvelle, Fatma fut prise d'une crise violente de désespoir ; elle se roulait à terre, s'arrachait les cheveux, et versait des torrents de larmes. J'eus beaucoup de peine à la calmer. Comme elle m'aime ! me disais-je, attendri. « Je n'exigerai de toi qu'une chose, ajoutais-je : la fidélité pendant mon absence. Jure-le-moi sur le Coran et sur la barbe de Mahomet. » Elle jura tout ce que je voulus, encaissa en pleurant la montre et le titre de rente, dont je ne conservai que les arrérages : puis nous nous séparâmes, le cœur gros.

Nous quittâmes la ville à l'heure dite, sans tambours ni trompettes, en gens sérieux, dédaigneux du bruit, et qui réservent le tapage et la musique pour les grandes circonstances. Vienne par exemple l'heure de sonner la charge ! Ce jour-là, tambours et clairons, j'en réponds, donneront libre carrière à leur inspiration musicale, et improviseront d'innombrables variations sur l'air connu : « Il y a la goutte à boire là-bas..., etc. » Après avoir successivement traversé le Tlélat, Saint-Denis-du-Sig et Mascara, nous arrivions à Saïda. Là, commençait la zone périlleuse. Nous quittions le pays des honnêtes gens, pour entrer dans le domaine des bandits. Entre Saïda et Geryville, notre dernière station militaire à cette époque dans le Sud de la province d'Oran, s'étendait une immense plaine d'environ quatre cents kilomètres, où la verdure et l'eau courante brillaient par leur absence. Du sable, de l'alfa, quelques puits à l'eau fétide et saumâtre, quand il y en avait, et c'était tout. Très mal fréquentée en temps ordinaire, le voyageur avait beaucoup de chance d'y laisser sa tête. Cette perspective n'était pas pour nous effrayer. Nous étions environ une centaine de gaillards qui n'avions pas froid aux yeux, porteurs d'excellents fusils, et d'une provision de cartouches suffisamment respectable pour mettre à la raison les habitants de cette forêt de Bondy sans arbres. Du reste, le gros de la colonne nous suivait à deux jours de distance, et nous comptions bien, en cas de danger, tenir bon jusqu'à son arrivée. Ce ne fut pas la faute des Touaregs, si nos prévisions furent réalisées. A peine étions-nous entrés dans la salle de bal, que la danse commença, et que le baptême du feu fut offert à nos conscrits sous la forme originale d'une représentation gratuite et dramatique bien autrement intéressante que celle de la Porte-Saint-Martin.

La toile se lève : Attention ! Comme décors une

plaine nue et déserte, à fond de sable, sur lequel tranchent çà et là quelques touffes d'alfa, et quelques maigres arbrisseaux, un campement et des fusils en faisceaux. Du côté du Sud, un poste avancé et deux sentinelles. Il fait nuit, aucun bruit, pas même l'aboiement d'un chacal, ni le cri de la hyène. Kervadec, l'une des sentinelles, fait les cent pas avec entrain. Ses godillots ne doivent pas peser à la terre, et il n'est pas besoin de regarder deux fois sa bonne et naïve figure, pour deviner que c'est un homme heureux. Quelques jours encore, et il quittera le régiment, son congé fini, emportant avec lui l'estime de ses chefs, les regrets de ses camarades, et un livret vierge de punitions. Il est en ce moment sous l'impression d'un mirage, non pas d'un mirage du désert, mais d'une vision du pays natal. Sous l'influence de son imagination surexcitée, le décor a brusquement changé, et sa chère Bretagne, avec son ciel gris, ses bruyères et ses clochers à jour, lui apparaît maintenant comme dans un rêve. Il oublie qu'il est sur la terre d'Afrique. Ce sable qu'il foule aux pieds, c'est celui du rivage où s'est écoulée son enfance, et son oreille doucement illusionnée croit entendre dans le lointain le clapotement des vagues de l'Océan. Il se revoit, dansant aux Pardons, avec Yvonne, sa fiancée; puis la scène change. Ce n'est plus le passé, mais l'avenir qu'évoque maintenant son imagination ; il se voit dans la petite église du village, échangeant avec Yvonne l'anneau nuptial, sous le regard humide et heureux de sa vieille mère. Rêve, rêve encore, pauvre soldat ! L'attente du bonheur ne vaut-elle pas le bonheur même, et l'illusion n'est-elle pas préférable à la réalité ! Grâce à tes rêves, tu mourras la joie au cœur et le sourire sur les lèvres. Mais, comme autrefois Moïse, tu n'en verras jamais la réalisation, tu n'entendras jamais retentir à tes oreilles les chants joyeux des jours de fête ; car tu retourneras, poussière, à la terre étrangère, et non pas à celle qui t'a vu naître, où ta place sera désormais marquée par une tombe vide, comme celle des marins morts en mer.

Tout entier à ces douces pensées, il ne voit pas qu'autour de lui l'aspect du sol s'est légèrement modifié, et que là, où il n'y avait rien quelques minutes auparavant, un buisson de ce bois, bien connu en Afrique sous le nom de brûle-capote, a subitement poussé. Moins distrait, il se fût certainement demandé la cause de cette végétation extraordinaire et spontanée. Continuant ses observations sur cet étonnant phénomène, il eût vu que ce buisson, au lieu de rester honnêtement à sa place, comme tous les buissons du monde, paraissait graviter autour de lui comme la terre autour du soleil. Il l'eût considéré à bon droit comme suspect, et se fût dit avec raison que c'était le moment ou jamais d'avoir l'œil sur lui. Malheureusement, Kervadec l'avait ouvert sur la Bretagne ; ce n'était pas là qu'il fallait regarder. Il ne vit donc pas ce buisson mystérieux, se glisser sournoisement, favorisé par les ombres de la nuit, et, arrivé auprès de lui, se dresser brusquement, et lui enfoncer dans la poitrine un yatagan tout entier, au moment où il fredonnait un refrain du pays. La dernière partie du refrain lui resta dans la gorge. Ce fut un flot de sang noir qui en sortit. Le buisson était un homme, un enfant perdu des Touaregs, délégué par sa bande qui était tout près, et qui comptait enlever le poste, après la mort des sentinelles, et surprendre le camp en plein sommeil.

Kervadec ne revit plus la Bretagne. Il est parti pour la rive inconnue, fauché comme un épi avant la maturité. On l'enterra sous une touffe d'alfa. C'est là qu'il repose, inconnu et oublié ! oublié ! non ! car là-bas, de l'autre côté des mers, dans un petit cimetière du Morbihan, deux femmes désolées vont tous les jours sangloter et prier, au pied d'une modeste croix, qu'on lui a érigée comme souvenir.

« Meurs, chien, fils de chien », avait dit le Touareg, sa sanglante besogne accomplie ; à l'autre maintenant ! et il se dirigea vers la seconde sentinelle.

Si Kervadec était simple et naïf, avec un tempérament porté à la poésie, tout autre était son collègue Briscard. C'était un lapin, un lascar, un roublard, un débrouillard, qui en était à son troisième congé, et n'avait jamais quitté l'Afrique. C'est dire qu'il connaissait à fond toutes les ruses de guerre imaginées par l'Arabe, et que les buissons vivants n'avaient pas plus de mystère pour lui, que le bocage dont parle Millevoye. Il n'avait pas de fiancée en Bretagne ; il adorait en revanche le petit bleu et le petit verre et ne craignait pas plus les canons de la cantine que les moukalas des Touaregs, mais sans jamais rien perdre de son sang-froid et de sa présence d'esprit. Car, si tannée, si cuivrée, si ridée que fût sa vieille peau, il avait la faiblesse d'y tenir, sa guenille lui était chère. En prenant la faction, son premier soin avait été de topographier le terrain, et d'en noter dans sa mémoire les ondulations, arbustes, touffes d'alfa à sa portée ; et le Touareg était à peine entré dans son périmètre, qu'en bon chien de chasse qu'il était, Briscard l'avait déjà éventé, catalogué, et tenu à l'œil ; si bien que celui qui croyait surprendre fut surpris. « Alla Kebir ! Dieu est Dieu », s'écria l'espion, en voyant Briscard bondir brusquement sur lui ; « et Mahomet est son prophète », répondit ce dernier, en le clouant d'un coup de baïonnette à un tronc de palmier. Le coup avait été lancé avec tant de force, que Briscard eut beau-coup de peine à la retirer. Le Touareg expira pendant l'opération.

Prévenu immédiatement, le commandant de la colonne fit donner l'ordre aux postes avancés de rallier le camp, et résolut d'attendre le jour pour mieux juger la situation, et prendre une décision. Quand parut à l'horizon cette clarté blafarde qui précède ordinairement le lever du soleil, on put voir à deux kilomètres, dans la direction du Sud, cinq cents cavaliers Touaregs en observation. Quand Touaregs et Français se rencontrent dans le désert, ce n'est pas, croyez-le bien, pour échanger des politesses, et se tirer des révérences. On cause, mais à coups de fusil, et entre deux galops de charge. Cette fois, je ne sais pourquoi, les Touaregs ne semblaient pas pressés d'entamer la conversation. Notre capitaine en profita pour nous faire répéter la manœuvre du carré, que nous allions avoir occasion de mettre en pratique, suivant toute probabilité. C'était un excellent homme que le capitaine Boulingrand, un peu naïf, un peu vulgaire peut-être, et qui n'était pas sorti de l'école. Mais, en revanche, il avait conquis tous ses grades à la pointe de l'épée, rougi de son sang les plaines de Crimée, d'Italie et du Mexique; mais cette vieille culotte de peau, comme l'appelaient quelquefois ses collègues, avait des élans superbes, et se transfigurait au feu. Quand sa figure bronzée faisait face à l'ennemi, que ses vieux poils se hérissaient, et que ses yeux couronnés d'épais sourcils gris lançaient des lueurs fauves, les plus braves pâlissaient, et le rire se glaçait sur les lèvres ; et l'on ne pensait plus qu'au héros qui n'avait en fait de désir que la modeste et sublime ambition de dormir de son dernier sommeil sur le champ de bataille, avec un drapeau pour linceul.

Pour le moment, cette terrible figure était au calme, et paraissait au contraire vivement préoccupée. Boulingrand songeait à son discours ; car, à l'instar des grands capitaines, la veille de la bataille, le brave homme pensait à enflammer son monde par une allocution bien sentie. Mais si, comme homme d'action, il ne laissait rien à désirer, comme orateur, c'était autre chose. N'attendez donc pas de lui la moindre idée poétique ; rien des proclamations de Napoléon I$^{er}$ ; rien des pyramides et des quarante siècles qui vous contemplent, on ne vit jamais discours plus concis : Soldats, — puis, un silence long comme un point d'orgue, deux ou trois mots énergiques que je ne répéterai pas, et ce fut tout. La péroraison avait suivi immédiatement l'exorde.

La soupe était prête ; les Touaregs persistant à garder leur attitude de sphinx, chacun s'empressa de la manger, sur l'observation judicieuse de Briscard, que l'estomac, tout comme la nature, avait horreur du vide, et que, lorsqu'on était exposé à batailler à l'extérieur, il importait de ne pas se créer de complications à l'intérieur, en mécontentant cet organe éminemment susceptible.

Les Touaregs ne bougeaient toujours pas ; cette situation monotone finissait par nous agacer au suprême degré. Quelqu'un ayant émis l'idée qu'ils étaient peut-être en zinc, Boulingrand résolut de s'en assurer. Sur son ordre, Bauer, un grand gaillard sec et nerveux, tyrolien de naissance, ancien braconnier, qui démolissait autrefois comme pas un, paraît-il, les lièvres, faisans, chevreuils, etc., et même les gardes à l'occasion, prit un fusil, ajusta un scheik au turban rouge, et l'abattit comme un lapin. Cette chute rompit le charme, des vociférations sans nom retentirent dans la plaine. Les terribles Zouaou (cri de guerre des arabes) nous arrivèrent, portés par les ondes sonores ; les cavaliers montèrent en selle, et se préparèrent à charger. « Enfin, dit Boulingrand, ils se décident, ce n'est pas malheureux. Formez le carré, ajouta-t-il d'une voix de tonnerre, et surtout ne tirez pas avant mon ordre ».

Il était environ deux heures de l'après-midi ; sous l'action du soleil qui dardait sur nous d'ardents rayons, nous cuisions dans nos capotes comme des pots-au-feu dans leurs jus, et le canon de nos fusils était humide de la sueur qui découlait de nos mains. Il y avait environ dix minutes que nous attendions ainsi, quand les Touaregs s'ébranlèrent. Le moment était solennel ; cinq cents cavaliers nous chargeaient au triple galop. Ce fut d'abord une trépidation sourde, comme l'orage qui gronde dans le lointain, puis le grondement se rapprocha, allant toujours « crescendo », jusqu'au moment où il éclata comme un coup de tonnerre, quand la foudre tombe sur le sol en zigzag de feu.

Cette marée humaine arrivait sur nous avec l'impétuosité d'un mascaret. A voir le tourbillon de poussière qui enveloppait les cavaliers, on eût dit une tempête de simoun, un ouragan qui galopait. « Préparez vos billets, mes enfants, voilà le rapide qui passe », s'écria Briscard. Cette plaisanterie n'eut pas d'écho ; chacun haletant et frémissant, mais résolu, la main crispée à la crosse, semblait se recueillir, en attendant le choc. Quand le nuage qui renfermait la tempête, fut à cinq cents mètres de nous, Boulingrand, qui fumait tranquillement une cigarette dans le centre du carré, commanda d'une voix calme : « Premier rang, joue, feu ! » Une ligne de fusils s'abattit, une sourde détonation se fit entendre, crevant cette trombe humaine comme un boulet ; à trois cents mètres, le deuxième rang fit feu à son tour, et ouvrit dans les rangs de l'ennemi une nouvelle éclaircie.

« En avant la musique! » cria alors le capitaine.
Il faut dire que Boulingrand, qui adorait l'orgue de
Barbarie, ne voyageait jamais sans cet instrument.
Briscard fut chargé de tourner la manivelle, et nos
oreilles ravies entendirent successivement la cas-
quette du père Bugeaud, et le refrain bien connu
du Zéphir : « Le soleil, en se couchant, nous fiche
des rayons obliques ; vlan, du bataillon d'Afrique,
vlan, les Zéphirs, en avant, etc. » Puis, changeant
brusquement de thème, le musicien improvisé
passa de la gaieté à la mélancolie, et du mode
majeur au mode mineur ; et ce fut au son de la
*Marche funèbre* de Chopin, que nous reçûmes les
Touaregs sur les pointes de nos baïonnettes.
Nombre d'entre-eux partirent pour un monde
meilleur, sur les poétiques accents de la dernière
pensée de Weber, qui n'avait pas prévu ça. Puisse
cette attention délicate du capitaine Boulingrand
avoir adouci l'amertune de leurs derniers moments!

Le coup était manqué, et les Touaregs se
replièrent en désordre. Une nouvelle décharge
acheva de jeter la confusion dans leurs rangs, et
nous les vîmes disparaître à l'horizon, comme une
volée de perdreaux qu'a saluée le plomb du chasseur. Alors Boulingrand, grisé par l'odeur de la
poudre, et tournant vers nous sa face de lion :
« Garçons, êtes-vous des crânes? avez-vous du cœur

au ventre? Oui, n'est-ce pas ; eh bien ! les jambes me démangent, j'ai une folle envie de pincer un rigodon dans la plaine, à la suite de ces gueux-là, d'enlever leur camp à la baïonnette, et de manger leur diffa, assez d'orgue comme ça ! La goutte à boire, mes enfants, s'écria-t-il, en s'adressant aux tambours et clairons, et au pas gymnastique! » Electrisés, enfiévrés par ce diable d'homme, nous nous précipitâmes à sa suite, sur cet air entraînant et connu, et nous arrivâmes au camp des Touaregs, avant qu'ils eussent eu le temps de se reconnaître. Alors eut lieu une mêlée sanglante et corps à corps, les cavaliers ayant mis pied à terre pour mieux défendre leurs tentes. Le sang confondu des chrétiens et des musulmans se répandit sur le sol en larges nappes rouges. Ce fut une boucherie, un carnage, dont les acteurs seuls d'un pareil drame peuvent se faire une idée ; et toujours au son de la musique ! On se massacrait en cadence. Le clairon, qui était un ancien prix du Conservatoire et avait changé son instrument contre un piston, avait aussi changé d'air, et donnait maintenant à perdre haleine, comme les veneurs des grands bois, l'hallali et la curée. C'était cette fois le sanglier qui forçait les chasseurs, car c'était bien un san- glier, et un sanglier plus terrible que celui de Calydon, que le père Boulingrand, qui trouvant l'épée trop légère, avait pris un fusil pour mieux

sentir les coups qu'il portait, abattant un homme
à chaque élan, et fonçant au plus épais de l'ennemi.
« C'est Eblis le maudit en personne (le diable) »,
s'écriaient les Arabes terrifiés par cette nouvelle
tête de Méduse. Nous le secondions de notre
mieux, mais le Patrocle de ce nouvel Achille
était, sans contredit, un ancien maître d'école,
qui, chose bizarre, entré dans l'instruction pour
être exempt du service militaire, était venu échouer
à la légion étrangère. Il s'escrimait à la baïonnette
comme s'il n'eût jamais fait que cela de sa vie,
expédiant son adversaire proprement, correcte-
ment, et sans faute d'orthographe. Nous en mas-
sacrâmes la moitié ; l'autre moitié s'enfuit sans
arrière-pensée de retour, elle avait été trop bien
étrillée. Nous restâmes maîtres du camp, avec tout
ce qu'il renfermait, munitions, vivres, moutons et
moukaires. Nous mangeâmes la diffa que celles-ci
avaient préparé pour leurs seigneurs et maîtres,
sans oublier la goutte à boire, une fameuse goutte
dont nous avions trop entendu le refrain, pour
jamais l'oublier, et que nous avions du reste bien
méritée.

Boulingrand gagna la croix à ce brillant fait
d'armes. Notre compagnie fut déclarée compagnie
d'élite, et nous passâmes avec nos grades aux
voltigeurs et aux grenadiers, chacun suivant sa
taille.

Quant à ceux qui avaient succombé dans la
lutte, ils avaient trouvé, sans contredit, dans le
trépas glorieux, la plus belle des récompenses, car
chacun sait que « mourir pour la patrie, c'est le
sort le plus beau, le plus digne d'envie ».

Je ne fus pas du nombre, et, je l'avoue à ma
honte, je le regrettai médiocrement, en pensant
à la douleur que la nouvelle de ma mort aurait
causée à Fatma, Fatma qui m'aimait tant. De
retour à Oran, ma première visite, naturellement,
fut pour elle. Oh! mes chères illusions, qu'êtes-
vous devenues! Pour la première fois, je sentis les
épines de la rose dont j'avais butiné les fleurs.
Si Mars m'avait été favorable, Vénus m'avait
trahi. A peine avais-je quitté Oran, que cette soi-
disant fille de l'Oasis, en réalité née à Cadix, avait
joué la fille de l'air, et déménagé à la cloche de
bois avec ma montre et mon titre de rente, en fredonnant, paraît-il : « Grenadier, que tu m'affliges
en m'apprenant ton départ. » Le coup fut dur,
si dur même, que la nature elle-même parut
s'associer au deuil de mon cœur. Le beau ciel
d'Afrique, la verdure des oasis que j'aimais tant
à contempler, m'apparurent désormais comme
recouverts d'un voile funèbre, et la vie me devint
tellement à charge, que je pensais sérieusement
à la quitter. Malheureusement ou heureusement,
j'étais lié avec l'Etat par un contrat synallagma-

tique ; on est honnête, ou on ne l'est pas, et, sans être négociant, je tenais à faire honneur à ma signature. Je remis donc mon suicide à plus tard ; mais je trouvai, dans l'intervalle auprès de la brune Kadidza, des consolations si efficaces, que mes idées changèrent complètement. Mes illusions envolées revinrent comme les hirondelles au printemps. Le ciel reprit sa splendeur, et la nature sa beauté ; et maintenant, c'est avec une douce mélancolie que j'entends, dans le silence des nuits, le rossignol chanter sous le bocage, et que je pense avec le philosophe : le présent est à l'homme, mais l'avenir est à Dieu.

# SCÈNES DE LA VIE MILITAIRE

~~~~~~~

**S**ALUT, terre des grenadiers, des oliviers et des cactus ! Chaque fois que j'évoque ton souvenir, je revois l'époque lointaine, où, le soir à l'étape, couché sous les lauriers-roses et les tamariniers en fleurs, à l'heure où les filles de l'Atlas aux yeux noirs viennent, comme autrefois Rebecca, puiser l'eau à la fontaine, goums blancs et spahis rouges fournissaient à travers la plaine leurs émouvantes fantasias. Sahara féérique, mer de sable desséchée, mais dont les vagues, immobiles d'ordinaire, tourbillonnent parfois avec une irrésistible violence sous la poussée du simoun, je ne t'oublierai jamais !

Hélas ! il n'y a pas de roses sans épines, et si
~~~~~~~

j'ai eu sous ton ciel bleu d'agréables moments, j'y ai passé aussi, disons le mot, de fichus quarts d'heure. Après une longue et pénible colonne dans le Sud-Oranais, nous revenions à Mascara, efflanqués et maigres à faire trembler l'obélisque. A la légion étrangère, qu'on se le dise, on laisse l'obésité à la porte. Faire colonne, c'est le complément nécessaire de l'éducation du soldat ; c'est son pèlerinage de la Mecque ; et l'on n'est définitivement classé parmi les vrais troupiers, qu'après avoir fait le voyage de Géryville ou de Laghouat. Ah ! par exemple, on n'a pas précisément toutes ses aises ; il n'y a sur la route, ni hôtels, ni registres de réclamations à l'usage de messieurs les voyageurs. L'eau surtout laisse à désirer, si on peut donner ce nom au liquide jaune et boueux extrait à grand'peine du fond d'un puits, et dont Tantale lui-même n'eût pas voulu. Je signalerai aussi certaines fourmis rouges dont la société m'a été particulièrement désagréable. Je dus prendre honteusement la fuite devant elles, je ne crains pas de le dire, et aux gens blasés qui désirent des sensations inédites, je conseille d'aller là-bas, au pays des palmiers, planter leur tente à l'endroit où elles font leur nid ; ils m'en diront des nouvelles.

Un jour que je faisais la sieste, ces bêtes sans pudeur ne s'étaient-elles pas avisées de se glisser sournoisement entre mon pantalon et ma chair ?

J'étais alors plongé dans un rêve oriental tout peuplé d'almées et de houris, dansant d'une façon lascive. La piqûre fut si atroce que je me mis à danser à mon tour une sarabande, dont les bayadères de l'Inde, elles-mêmes, ne peuvent donner qu'une faible idée. Je rentrai dans Mascara, à moitié dévoré, mais joyeux quand même à la pensée de retrouver la caserne et de coucher dans un lit.

Malheureusement, nos appartements étaient occupés, et on nous envoya camper. Le terrain caillouteux et inégal me fit doublement regretter les matelas sur lesquels je comptais pour reposer mes membres fatigués. C'est alors que, sur les perfides conseils du fusilier Ducornet, mon collègue de la « troisième du deux », — un malin, qui, feignant une maladie savamment entretenue, se l'était coulée douce à l'hôpital, pendant que nous trimions sur la grande route par trente degrés de chaleur à l'ombre, — je me décidai à suivre son exemple. Quant à rouler un médecin, au dire de Ducornet, rien de plus facile. Il me fit mâcher certaine plante, et le lendemain, quand je me présentai pour passer la visite qui précède l'entrée à l'hôpital, j'allongeai au major une langue tellement chargée, qu'il m'admit d'urgence avec une note spéciale. Ducornet avait raison ; si les docteurs d'aujourd'hui ne parlent plus latin, comme au temps de Molière, leur science n'en reste pas moins mystérieuse et inson-

dable, comme les vues de la Providence. J'entrai
donc à l'hôpital par la grande porte, comme un
malade sérieux qui a droit à tous les égards.
Jusque-là, tout allait bien ! Après avoir passé au
vestiaire, où je fus revêtu du costume de l'ordre,
c'est-à-dire d'un bonnet de coton, d'une longue ca-
pote grise et d'un pantalon de même couleur, je
montai au dortoir où se trouvait le médecin de service. Je lui tirai la langue comme à l'autre, toujours
avec le même succès. « Trente grammes d'ipéca à
prendre de suite, dit l'Esculape en s'adressant à
l'infirmier ; puis, trois heures après, et il fit le geste
de me coucher en joue, vous me fusillerez cet
homme-là. » Qu'entendait-il par là ? Avait-il dé-
couvert ma supercherie ; mais, dans ce cas, le châtiment n'était pas proportionné à l'offense. Pendant
que je m'abîmais dans de profondes réflexions,
l'ipéca me travaillait lentement, mais sûrement. Ce
médicament, que j'avais pris pour un purgatif, était
bel et bien un vomitif. Je fus débarrassé non seulement du peu de bile dont j'étais porteur, mais encore de tout le contenu d'une vaste gamelle, dont
j'avais, par précaution, muni mon estomac avant
d'entrer ; ça me rappela le passage de la Méditerranée. Puis, couché sur mon lit, sans force, sans
énergie, j'attendis dans l'attitude d'un condamné à
mort la fusillade annoncée. A l'heure dite, je vis
apparaître l'infirmier, tenant entre ses mains l'ins-

trument du supplice. C'était une immense seringue, qui, avec son piston développé, avait bien un mètre de longueur ; on allait m'appliquer la question de l'eau... Je protestai avec énergie : « Macach bono, » ne cessais-je de répéter à l'infirmier qui était un Arbi pur sang. « Allons, petit roumi, répondait l'indigène, pas d'enfantillage ! Es-tu assez entêté ? toi « maboul », toi pas sabir ce qui est bon. » Il y avait là quatre hommes de garde chargés de lui prêter main-forte en cas de besoin, et c'est en vain que, comme autrefois Mirabeau, je déployai toute mon éloquence ; je dus céder à la force des baïonnettes, et... je fus fusillé !

J'avais hâte, comme on pense, de sortir de cette galère où je m'étais si imprudemment fourvoyé. Je m'empressai donc le lendemain d'accuser un mieux sensible, dans l'espoir que le docteur voudrait bien me renvoyer à ma compagnie, ou tout au moins m'ordonner un régime plus substantiel que celui de la veille. J'avais compté sans mon hôte ; j'ignorais jusqu'où pouvait aller le savoir d'un médecin ! Après une auscultation savante, le prince de la science me découvrit une maladie que je ne connaissais pas. J'avais, paraît-il, le foie malade ; il y avait engorgement et dilatation ; et je dus, par ordre supérieur, boire de l'eau de Vichy et manger des carottes pendant vingt et un jours consécutifs. Je sortis de l'hôpital, jaune comme un citron ; mais

cette fois je passai ma bile sur le dos de Ducornet,
à qui j'administrai, en rentrant au quartier, et sans
crier gare, une volée de première classe.

Je conservai, depuis cette aventure, une sainte
horreur de l'hôpital et des médecins ; pendant longtemps encore, mes rêves furent peuplés de légumes
parmi lesquels la carotte dominait ; et il ne fallut
rien moins qu'une nouvelle expédition à travers le
désert, pour détourner le cours de mes idées.

Depuis quelques semaines, des bruits sinistres
circulaient sur le compte du 4ᵉ bataillon de la légion, détaché dans le Sahara ; il avait, disait-on,
péri corps et biens dans cette mer de sable, pareil
à ces navires qui disparaissent sans laisser de
traces. Ils n'étaient, hélas ! que trop vrais, car ils
ne tardèrent pas à être confirmés par un Arabe
attaché à la colonne en qualité d'interprète, et qui
avait réussi à s'échapper.

Reportons-nous à quelques jours en arrière ;
transportons-nous à deux cents lieues dans le Sud,
derrière la chaîne de montagnes qui sépare Géryville du Grand-Sahara, et essayons de reconstituer,
d'après le récit du témoin oculaire, les dernières
péripéties de ce drame.

— La nuit a succédé au crépuscule. Noirs de
poudre et de fumée, occupés les uns à préparer la
soupe du soir, les autres à faire bouillir le café, ils
sont là quatre-vingts, perdus dans l'immensité,

sur cinq cents qu'ils étaient la veille. Entourés par trois mille cavaliers, ils savent que tout espoir est perdu, et qu'ils sont là pour mourir, comme les gladiateurs antiques, non pas pour le sourire d'un César, mais pour la Patrie et l'honneur du drapeau. C'est tout ce qui reste du bataillon. Commandant, officiers, sous-officiers, à l'exception d'un vieux sergent, sont tous partis la veille pour la rive inconnue. Un peu de patience ! Car les survivants ont vu pour la dernière fois le soleil se coucher derrière les grandes dunes, et dans vingt-quatre heures, là-haut, quand sonnera l'appel, le bataillon sera au complet. Cette perspective n'était pas pour effrayer ces vieux soldats au teint bronzé.

Comme les Spartiates de Léonidas, ils plaisantèrent avec entrain. La nuit se passa à chanter, rire et boire. On fit sauter les bouchons ; on porta des toasts à toutes les nations, voire même au Céleste-Empire : il y avait des Chinois dans la société. Chacun but à sa payse : à Jeannette, Mariquita, Gretchen, Fleur-de-Lotus et Chrysanthème ; le Japon, lui aussi, avait ses représentants. « A ma mère ! » camarades, dit tout à coup un conscrit de vingt ans, qui s'était tenu jusqu'alors mélancoliquement à l'écart, grave et pensif. Ce fut comme une goutte d'eau froide dans un liquide en ébullition ; et plus d'un de ces durs-à-cuire, au souvenir évoqué, essuya furtivement une grosse larme.

Mais, chez ces hommes de fer, l'attendrissement ne pouvait être de longue durée ; les refrains du pays natal reprirent sur toute la ligne, et à trente ans de distance, l'*Hymne russe* et la *Marseillaise* fraternisèrent pour la première fois. La question de l'au-delà fut agitée. Qu'y avait-il derrière cet inconnu redoutable ? Du flan, disaient les uns ! des navets, disaient les autres ! L'âme immortelle, répondaient les spiritualistes ! « Bon dious, dit alors un Gascon, un âme sans corps, mes enfants, que voulez-vous que j'en fasse ? Pécaïre ! j'aime mieux le paradis de Mahomet avec un corps sans âme ! » C'est ainsi que s'écoulèrent les heures en propos divers, où le grotesque alternait avec le sublime. Puis, quand le matin parut à l'horizon, cette ligne blanche qui précède le jour, les faisceaux furent détachés, et tous, sur l'ordre du vieux sergent, pâles, mais résolus, astiqués comme à la parade, formèrent le bataillon carré. Les Arabes se ruèrent sur l'héroïque phalange en charges furieuses, sans parvenir à l'ébranler. Mais, semblable à ces monticules de sable battus par les vagues de l'Océan et qui se désagrègent peu à peu, le carré perdait d'instant en instant de sa solidité. Des vides se formèrent : « Serrez les rangs, » répétait-il à chaque nouvelle trouée. Et on obéissait, et on se sentait les coudes à nouveau, et, à travers le sifflement des balles, les clameurs de l'ennemi, ce refrain revenait à intervalles réguliers, triste comme un glas, lamentable comme le cri de ce Juif, qui, au siège de Jérusalem, parcourait les rues de la ville en criant : « Malheur sur Jérusalem ! malheur sur moi ! » Chacun brûla ses dernières cartouches. Puis, comme les baïonnettes devenaient inutiles, les Arabes ayant changé de tactique et les fusillant à distance, tous attendirent la mort, debout, et l'arme au pied. Ils tombèrent un à un, chacun à son rang, comme la vieille garde à Vaterloo.

Par un hasard miraculeux, le sergent n'avait pas été touché. Mus par un sentiment de générosité bien rare chez eux, les Arabes l'épargnèrent. Il restait là, solitaire comme un chêne que l'ouragan a respecté. Intrépide marcheur, vieux routier du désert, il eût pu, s'il eût voulu, regagner un poste français. Il hésita un instant, jeta du côté du Nord, vers la France un regard mélancolique et murmura : « Qu'irais-je faire là-bas ? Les vieux sont morts ! personne ne m'attend plus ! mieux vaut rester avec les camarades ». Alors, s'enveloppant dans les plis du drapeau, le vieux sergent chercha le corps de son commandant, et se coucha auprès de lui, comme un chien fidèle : « Mon commandant, je vais à vous ; » ce furent ses dernières paroles ; il saisit un revolver et se fit sauter la cervelle. Le bataillon avait vécu. La lutte avait duré jusqu'au soir ; la nuit survint et couvrit le champ de bataille d'un voile funèbre. Puis, une tempête de simoun éclata, ensevelissant tous ces cadavres sous le même linceul, et le lendemain, quand parut le soleil, rien, si ce n'est quelques ondulations de terrain, ne vint marquer la place où tous ces braves dormaient leur dernier sommeil.

Un ordre du jour bref et laconique, vint porter à la connaissance de tous ce trépas héroïque. Un long cri de vengeance éclata. « C'est la tribu des Beni-Ouled qui a fait le coup : mort aux Beni-Ouled ! » Nom d'un petit bonhomme, ils ne perdraient rien pour attendre, et on allait leur casser les reins de la belle manière. Plusieurs centaines de méharas furent requis. Le méhara est un dromadaire coureur qui surpasse de beaucoup le meilleur cheval en vitesse. Le signal du départ fut accueilli par des hourras énergiques. Plus rapides que la cavale indomptée qui portait Mazeppa, ils nous entraînèrent à travers la plaine avec une vitesse fantastique. L'allure, par exemple, n'avait rien d'agréable, et rappelait, à s'y méprendre le tangage d'un navire. Bon nombre d'entre nous eurent le mal de mer ; ils se soulagèrent en route. On n'avait pas le temps de s'arrêter. Huit jours après, nous arrivions à destination. Il était temps ; j'avais les reins, les cuisses et le reste en capilotade. Quand je mis pied à terre, j'étais raide comme la statue de

Memnon. On nous donna vingt-quatre heures pour nous déraidir. Puis nous tombâmes comme la foudre sur les Beni-Ouled qui ne s'y attendaient pas. Ah ! mes amis, quelle raclée ! « Macach bono » criaient les Arabes, sur qui les coups pleuvaient comme la grêle. « Bono Bezef, au contraire », répondions-nous ! Comme il faisait très chaud, nous leur servîmes, à coups de sabres et de revolvers, des rafraîchissements nombreux et inédits. Il y eut des combats singuliers comme au temps d'Homère ; et comme dans les bals de barrières, des cavaliers seuls dignes du grand Chicard. Baïonnettes et yatagans rivalisèrent d'entrain, mais les baïonnettes eurent le dessus. Nous fîmes une hécatombe sanglante et de la chair à pâté de tous ces Arabes aux chechias rouges, dont les coiffures jonchèrent le sol, comme les coquelicots que le moissonneur a fauchés.

Dix mille moutons, bœufs, chameaux, dromadaires tombèrent entre nos mains. Chacun eut sa part de cette superbe razzia. Un chameau m'échut en partage. Dire que je fus enchanté de mon lot, serait exagéré. Je me contentai de l'utiliser provisoirement, en lui faisant porter mes bagages, et, son licou dans la main, nous voyageâmes côte à côte comme une paire d'amis. Quant à le monter, jamais de la vie ! Cette façon d'aller ne convenait pas à mon tempérament. Tout en cheminant, mon imagination travaillait. Pourquoi, après tout, me disais-je, cet animal ne deviendrait-il pas la base de ma fortune ? Et me voilà, comme Perrette sur le produit de son lait, bâtissant sur ce chameau les châteaux en Espagne les plus extravagants. Je l'échangerai, pensais-je, contre de belles espèces sonnantes ; puis, etc...; — je ferai grâce au lecteur de toutes les élucubrations enfantées par une imagination en délire. On pense si je veillai avec amour sur un animal qui représentait pour moi tous les trésors de Golconde. Aussi, jugez de ma douleur, quand, un jour, il disparut subitement. C'est en vain que je parcourus le camp, interrogeant les hommes de tente, demandant mon compagnon à cor et à cris. Tel autrefois Orphée, jetant aux échos d'alentour le nom d'Eurydice ! — Chouia, l'Arbi, dis-je à un Turco de planton, tu n'aurais pas vu mon chameau ? — Hélas ! lui non plus n'avait rien vu. Qu'était-il devenu ? Etait-il retourné dans son désert, pris, comme les Suisses, du mal du pays en entendant chanter le Ranz des Vaches ? Ou bien, pris subitement de passion pour les voyages et la science, s'était-il élancé à travers les solitudes, à la suite des Liwingstone et des Stanley ? J'appris enfin qu'un chameau répondant au signalement du mien, avait été aperçu, traversant le Figuig ; il allait comme le vent ; on le vit plus tard à Tombouctou, dans le Soudan, la Nigritie et le Congo. Il fut également signalé dans la région de l'Ouganda, près du lac Tanganika, où il se désaltéra : il paraissait fatigué ; puis enfin dans l'Afrique Australe, où il périt misérablement, dévoré par un lion du Transwal, disent les uns, de l'influenza, disent les autres.

# LE COMBAT DE LOIGNY

## (2 *décembre* 1870)

> Court. — Frère Jean Bates, n'est-ce pas
> l'aurore qui éclaire l'horizon ?
> Bates. — Je crois que oui ; mais nous
> n'avons pas de motifs pour en désirer le
> retour.
> Williams. — Nous voyons le commence-
> ment du jour, mais je pense que nous n'en
> verrons jamais la fin.
>
> (Shakspeare, *Henri V*.)

Me trouvant un jour de passage à Loigny, j'entrai dans le cimetière. C'était à l'heure du crépuscule ; les cloches sonnaient l'*Angelus* du soir ; sur les tertres verts et les mausolées, des souffles mystérieux passaient. Etait-ce le murmure de la brise ! Etait-ce l'âme des trépassés, planant au-dessus de sa dépouille mortelle ! Je ne sais, mais l'émotion du passé disparu me troublait pro-

3

fondément ; je revivais la grande épopée qui avait rendu le nom du pays à jamais célèbre. Là où je marchais, avait eu lieu une tuerie sans nom ! Et l'humide rosée répandue sur la terre me semblait faite de larmes versées par les vivants sur la tombe des morts.

En essayant de retracer les diverses péripéties du drame dont ce pays a été le théâtre, j'entreprends, une tâche pénible. C'est un sinistre thème, digne d'inspirer à Tyrtée ses fameux chants de guerre, et sur lequel la lyre des bardes et des trouvères eût brodé jadis de mélancoliques et sanglantes variations. Nous ne sommes plus, hélas ! au temps de la tradition et de la légende ; les faits sont là. photographiés par l'histoire dans leur brutale réalité, au lieu d'être, comme au siècle d'Homère, ensevelis dans les brumes du passé.

Nous sommes au 1er décembre 1870. Le temps est sec et froid, mais le ciel est sans nuages ; et, sous les rayons du soleil levant, la neige qui couvre la terre étincelle de mille feux. A travers la plaine sans fin, dans les sillons raboteux et durcis par la gelée, une longue file de soldats se déroule silencieuse et sombre. C'est un détachement du 17e corps qui se rend de Coulmiers à Saint-Péravy, sous la conduite du général de Sonis. Mais si la nature est en fête, la tristesse est dans les cœurs. On n'entend pas les refrains joyeux, à l'aide des-

quels nos braves troupiers ont coutume de tromper
la longueur du chemin, la muse guerrière s'est tue
et si puissants que soient les rayons du soleil, ils
ne parviennent pas à percer le voile de mélancolie
qui l'enveloppe. C'est que nous n'avons plus, hélas!
l'enthousiasme qui animait les volontaires de 92!
Nous ne sommes plus au temps où les bataillons
de la Moselle, en sabots, chassaient devant eux
les ennemis de la République! Nous sommes
en 1870, l'année terrible, où, malgré nos défaites,
nous n'en avons pas moins conservé le droit de
dire comme François Iᵉʳ à Pavie : « Tout est perdu,
fors l'honneur! » 1870, l'année fatale, où le Prussien
mettait tout à feu et à sang, où le coq rouge de
l'incendie lançait son cri sinistre sur les ruines de
Bazeilles en flammes !

Il y a vingt-deux ans que la France mutilée
saigne toujours de sa blessure, vingt-deux ans que
la souillure imprimée au sol par le talon du Ger-
main, subsiste, jusqu'ici ineffaçable, comme la
tache de sang sur la main de Macbeth! Quand
sonnera-t-elle l'heure de la revanche? Dieu seul le
sait.

De Coulmiers à Saint-Péravy, l'étape est longue.
Sonis n'y arriva que fort tard dans la soirée. Sous
la forme du télégraphe, Iris, la messagère des
dieux, l'y avait précédé, ne lui apportant cette fois
que de bonnes nouvelles.

Paris, lui apprenait d'Aurelles de Paladines,
commandant en chef l'armée de la Loire, Paris
avait rompu les lignes prussiennes, Ducrot longeait
la Marne, et enfin le même jour, 1er décembre, la
1re division du 16e corps sous les ordres de l'amiral
Jauréguiberry avait remporté à Villepoint une écla-
tante victoire sur Von der Tann et vingt mille
Bavarois. Ces bonnes nouvelles, portées immédiatement à la connaissance des troupes, leur ren-
dirent espoir et courage. Ce fut comme un coup de
soleil illuminant tout à coup la ligne sombre de
l'horizon, comme la vision d'une oasis pour le
voyageur perdu dans le désert ! On allait marcher
sur Pithiviers, donner la main à Ducrot et refou-
ler l'invasion. Le génie de la France, disait-on,
allait enfin déployer ses ailes et prendre un nouvel
essor ! Et les imaginations surexcitées s'embal-
laient, marchaient ! Le temps, hélas ! lui aussi mar-
chait, et n'allait pas tarder à faucher toutes ces
belles illusions.

En pleine nuit, le 2 décembre, sur la prière de Sonis,
catholique fervent et convaincu, un aumônier du
régiment célébra une messe d'actions de grâces. Ce
devait être un spectacle étrange que cette cérémonie nocturne dans une petite église de village, fai-
blement éclairée par quelques chandelles fumeuses
et les rayons de la lune, cette lanterne du bon
Dieu. Ne rappelait-elle pas les veillées d'armes des

chevaliers d'autrefois, ou encore les réunions
secrètes des néophytes aux premiers temps de l'ère
chrétienne, cette singulière messe de minuit !
messe funèbre, où ceux qui priaient, agenouillés
sur les dalles, étaient bien loin de se douter que la
plupart d'entre eux étaient déjà marqués pour le
sacrifice, que l'ange de la mort planait sur leurs
têtes, et que la journée qui commençait ne devait
pas avoir de lendemain !

Ils partirent à l'aube, au chant de l'alouette,
comme Roméo, inconscients de l'avenir, et sentant
vibrer au fond de leur cœur, le cri de Jeanne la Lorraine : « En avant ! »

En arrivant à Patay, Sonis y trouva un billet
pressant de Chanzy, portant ces mots : « Fortement
engagés à Loigny, venez. » Sonis n'hésite pas :
malgré la fatigue de ses hommes, il fait rompre les
faisceaux, et se dirige en toute hâte sur Villepion,
quartier général de Chanzy, avec les volontaires de
l'Ouest (anciens zouaves pontificaux), commandés
par Charette, les mobiles des Côtes-du-Nord,
et les francs-tireurs de Tours et de Blidah. Il
arrive à Villepion à quatre heures ; la situation
était grave. L'ennemi avait reçu du grand-duc de
Mecklenbourg des renforts considérables, contre
lesquels Chanzy soutenait depuis une heure environ de l'après-midi une lutte gigantesque, dont
l'issue était encore indécise. Loigny est devenu

maintenant le centre de l'action ; il est pris et repris plusieurs fois; l'aspect du village est effrayant. Dés obus à pétrole allemands y ont mis le feu en différents endroits; et ce n'est plus qu'un vaste incendie dont la rougeur augmente à l'approche de la nuit. Deux bataillons du 37ᵉ de marche parviennent à y pénétrer et à s'y maintenir. On s'y bat partout, dans les maisons, dans les rues, dans le cimetière; c'est un carnage affreux. Tout à coup une effrayante canonnade se fait entendre sur la route. C'est von Treskow qui entre en ligne avec la 17ᵉ division prussienne. C'est von Kowitz qui apparaît à son tour. La plaine est inondée de casques à pointes et de casques à chenilles. Ils sont trop, disaient nos malheureux soldats en tombant.

Cette fois c'est la fin; c'est la débandade, c'est la déroute. Il était environ quatre heures. C'est en vain que Chanzy, que Sonis, qui vient d'arriver, se précipitent au devant des fuyards. Ces hommes lâchent pied partout, à l'exception cependant du 33ᵉ mobiles de la Sarthe qui recule lentement, fièrement, reprenant même de temps en temps l'offensive, quand il se voit serré de trop près. C'est là que succomba glorieusement l'un de ses officiers, le jeune duc de Luynes, dont la tête fut emportée par un obus.

Dans la circonstance, nos malheureuses troupes furent plus à plaindre qu'à blâmer. Elles étaient

en grande partie composées de conscrits qui
voyaient le feu pour la première fois : nul doute
que s'ils eussent été plus aguerris, ils n'eussent
jeté à la face de leurs ennemis le mot de Cam-
bronne et de Léonidas. Campés dans le parc de
Villepion, les volontaires de l'Ouest, les mobiles
des Côtes-du-Nord et les francs-tireurs de Blidah
et de Tours sont restés impassibles sous la mitraille. Calmes, comme à la parade, ils attendent
leur tour et l'appel suprême. Un dominicain, le père
Doussot, circule dans les rangs, et les exhorte à
bien mourir.

C'est alors que Chanzy, se tournant vers Sonis,
lui confie la noble et périlleuse mission de protéger
la retraite, et de sauver l'honneur de la journée. Ils
sont là huit cents hommes seulement, cinq cents de
plus qu'aux Thermopyles; le porte-drapeau des
zouaves pontificaux marche en tête, tenant entre
ses mains une bannière blanche donnée au colonel
Charette par les dames de Paray-le-Monial. Dorée
en ce moment par les derniers rayons du soleil
couchant, elle ne tardera pas à changer de couleur,
et deviendra rouge du sang de ceux qui la portent.
Le signal est donné; « En avant ! » crie Sonis ! « En
avant ! » répète Charette ! et la charge commence.
L'avant-garde ennemie occupait un petit bois d'aca-
cias, situé à quelques centaines de mètres de là.
Quand elle en fut plus qu'à quelques pas, l'héroïque

phalange s'arrêta. La tradition rapporte qu'alors, comme les Suisses à Granson, ils firent leur prière ; puis, que leur prière finie, ils se ruèrent sur l'ennemi, comme autrefois les montagnards de l'Helvétie sur les troupes de Charles le Téméraire. Ce fut une avalanche qui roula, emportant tout sur son passage ; semblable à ces gerbes de blé égrenées par la tempête, le bataillon sacré sème les hommes sur sa route. Qu'importe ! les survivants vont toujours.

Dignes émules de ces chevaliers français, qui, en 1396, sous la conduite de Jean sans Peur, combattirent et moururent à Nicopolis, avec La Trémouille, Boucicaut et le sire de Coucy, ils tombent là pêle-mêle, côte à côte, pour s'en aller tous ensemble comme les guerriers d'Odin, au Walhalla des braves. De Verthamon, de Troussures, Cazenoves de Pradines, Sonis lui-même, et tant d'autres, s'affaissent sur le sol, grièvement blessés. L'intrépide Charette mène néanmoins la charge jusqu'à Loigny, où crépite encore la fusillade du 37ᵉ de marche. Ce sont les modestes soldats de ce régiment qui eurent l'honneur d'y porter les derniers coups et d'y brûler les dernières cartouches.

Tandis que notre armée vaincue se retire en désordre, tandis que dans la plaine, maintenant couverte des ombres de la nuit, la fusillade se tait, dans Loigny, éclairé par l'incendie, les détonations continuent à retentir.

Mais, là aussi, le bruit des coups de feu ne tarde pas à s'éteindre; il n'y a plus que des morts, des mourants, et l'ennemi vainqueur. Dans les rues, la musique allemande éclate triomphante. Qu'importe! Ils peuvent taper sur leurs petits tambours. souffler dans leurs trombonnes; la victoire leur a coûté cher, et leurs flonflons ne rendront pas la vie à ceux d'entre eux qui l'ont perdue.

Citons ici le récit d'un témoin oculaire, M. de Maricourt, capitaine des mobiles du Loir-et Cher :

« Le jour touchait à sa fin; soudain une clameur immense s'élève, suivie d'une fusillade désespérée. C'était une charge à la baïonnette, dernier espoir des nôtres. Parmi tous les bruits d'un champ de bataille, il n'en n'est pas qui puisse se comparer à ce cri sauvage, féroce, de l'homme se précipitant sur l'homme pour le tuer plus sûrement, voir la chair entamée, le sang ruisseler.

« Dans le cimetière de Loigny, ce n'étaient que tombes séculaires renversées par les obus, pieux monuments bouleversés de tous côtés, ruines encombrées de cadavres dans toutes les positions, les uns sur le dos, les autres accroupis, agenouillés ou presque debout contre les murs; entre les rangs de cette foule immobile circulaient des hommes portant les blessés, des prêtres venant absoudre

les mourants ; devant la porte du presbytère transformé en ambulance, un amas de bras et de jambes
coupés. »

Rappelons encore les beaux vers de Victor Four-
nel, sur la charge des volontaires de l'Ouest :

> On dit qu'en les voyant pencher sous la prière
> Leurs fronts mâles et doux, qu'abritait la bannière
>     Couverte d'emblèmes pieux,
> Puis s'embrasser, pareils aux chrétiens de l'arène,
> Et sous le vent de mort qui balayait la plaine,
>  Courir droit au canon, la flamme dans les yeux,
> De stupeur et d'effroi saisi par tant d'audace,
> Le Prussien muet sentit qu'une autre race
>     Surgissait alors sous ses pas :
> La race de granit, rocher inébranlable,
> Qu'assiègent vainement des tourbillons de sable,
> Chêne qu'on peut briser, mais qu'on ne courbe pas.
> Sans pâlir, à travers l'horrible fusillade,
> Ils allaient, alignés ainsi qu'à la parade,
>     Jonchant la terre de leur corps.
> Le mur humain, troué par les balles avides,
> Marchait, marchait toujours, se fermant sur ses vides, ·
> Et nul ne s'arrêtait en chemin que les morts.

Le lendemain matin, j'allai visiter l'église de
Loigny ; les rayons du soleil levant, se jouant à
travers les vitraux, répandaient dans la nef une
clarté douce et rosée qui rappelait les teintes de
l'aurore. En bas, frappant contraste, dans la crypte
souterraine, à la vacillante lumière d'une lampe

funéraire, reposaient les restes blanchis à la chaux de ceux qui naguère étaient pleins de vie et de santé. Ils ont passé comme un nuage, comme un fleuve au cours rapide ; mais leurs noms gravés sur le marbre se transmettront d'âge en âge : la gloire est le soleil des morts!

Nos pères les Gaulois peuvent dormir tranquilles dans leurs cercueils de pierre. Nous sommes restés dignes descendants de Brennus et de Vercingétorix, et les temps sont proches, où nous aurons à notre tour le droit de dire comme le vieux chef : « *Vœ victis,* » Malheur aux vaincus! Est-ce l'écho de Jemmapes ou de Valmy ? Il me semble entendre dans le lointain chanter la *Marseillaise,* et la voix du bronze en feu qui gronde dans les airs ; j'aperçois à travers la nuit sombre, du côté de l'Orient, une pâle lueur qui va toujours grandissant. Salut à la nouvelle aurore ! salut à l'astre de la France, plus resplendissant que jamais, éclairant, comme jadis à Austerlitz, la défaite des Teutons vaincus par un nouveau Marius !

# VISION

JE me promenais un jour dans une antique forêt si vieille, si vieille, que son origine se perdait dans la nuit des temps. Était-ce la célèbre forêt de Broceliande, séjour de l'enchanteur Merlin et de la fée Morgane, avec ses jardins plus beaux que ceux d'Armide, si l'on en croit les romans de la Table ronde? Était-elle, au contraire, contemporaine de la non moins célèbre forêt de Morven, qui avait inspiré à Ossian, fils de Fingale, ses grandioses et sauvages poésies? Ou bien encore, les luttes épiques de César et de Vercingétorix, et les sanglants sacrifices des Druides avaient-ils eu pour témoins ces arbres séculaires?

C'était bien là le bois sacré cher aux anciens, les ombrages épais que les rayons du soleil étaient impuissants à percer, et dont la noire obscurité pénétrait les Gaulois d'une mystérieuse horreur.

Revivant les siècles écoulés, je tombai dans une rêverie si profonde, qu'elle touchait presque à l'hallucination ; perdu dans les immenses solitudes, où d'étranges voix semblaient parler de choses inconnues et lointaines, et répéter tout bas, bien bas, le nom redoutable de Teutatès, les premiers âges de la Gaule apparurent à mon imagination surexcitée, comme de féériques tableaux. C'était le chef des Druides présidant à la cérémonie du gui l'an neuf, et frappant le chêne sacré de sa faucille d'or, tandis qu'Hélanus, la lune des Celtes, projette sur les initiés ses rayons blafards, et que de la sinistre cage d'osier s'échappent les plaintes sourdes des prisonniers de guerre. C'était Velléda, la blonde prêtresse, vêtue d'une blanche tunique, couronnée de verveines et de feuilles de chêne, les cheveux épars, l'œil égaré, interrogeant les entrailles des victimes et prophétisant l'avenir, pendant qu'à la clarté vacillante des torches, les assistants terrifiés, le front prosterné dans la poussière, sont en proie à un tremblement convulsif, et que le sang ruisselant du haut du dolmen, s'en va rougir la mousse des clairières.

Puis, c'étaient les pages si intéressantes de l'histoire de la Gaule se transformant à travers les siècles, que je voyais se dérouler successivement devant moi, avec ses phases diverses d'abaissement et de grandeur, vaincue parfois, victorieuse plus

souvent encore, et, comme dans une lanterne ma-
gique, je voyais se détacher tour à tour sur le fond
noir, lumineuses à l'égal du soleil, la France de
Charlemagne, la France de Jeanne d'Arc, la France
de l'épopée napoléonienne, puis enfin, voilée de
crêpe, et mutilée, la France de 1870.

L'étranger a bâti ses forts en-deçà du Rhin,
semblant nous dire, comme Dieu aux vagues de la
mer: « Tu n'iras pas plus loin ! » En sera-t-il toujours
ainsi? Une nouvelle Jeanne d'Arc ne se lèvera-t-elle
pas à l'horizon ? Resterons-nous éternellement
l'arme au pied, la face tournée vers l'Est? Non,
car le descendant des Celtes et des Francs se rit
des obstacles; il a toujours préféré la mort à la
honte ; et pour chaque guerrier qui succombe, on
voit au firmament se lever une nouvelle étoile,
l'étoile de l'immortalité ! Non, car le voile de l'avenir semble se déchirer; autour de moi, dans la
vieille forêt, l'air s'imprègne d'émanations belli-
queuses ; des bruits mystérieux troublent le silence
des bois ; l'airain résonne sur les boucliers, et les
bardes entonnent les hymnes de guerre. Dis, Nior-
der, Hésus et Teutatès soufflent dans les cœurs la
furie et la rage, galvanisent les vivants, font tressaillir les morts. Clodion secoue sa longue chevelure, comme un lion sa crinière, et le vieux Mérovée,
lui-même, sourit d'aise dans sa moustache grise,
et brandit sa framée. Je crois entendre dans le

lointain le cor de Roland résonner dans les défilés des Ardennes, comme autrefois dans la vallée de Roncevaux ; et, remontant le cours des âges, comme la mer remonte le cours des fleuves aux grandes marées d'équinoxe, vient mourir à mes oreilles l'écho affaibli d'une immense clameur poussée par tout un peuple, qui s'en va, par delà les plaines et les monts, faire tressaillir l'Alsace et trembler le trône des Hohenzollern.

La scène change : sur la rive droite d'un grand fleuve, une armée est campée ; j'entends le *Qui vive !* des sentinelles ; et, à la lueur des feux de bivouac, j'entrevois dans la nuit sombre, des tentes. des faisceaux, et plus loin, vers l'Est, les taillis épais d'une immense forêt. Mais déjà l'aube commence à poindre ; l'Aurore aux doigts de rose entr'ouvre les portes de l'Orient, et le disque étincelant du soleil va paraître à l'horizon. Splendide, éblouissant comme la rampe de gaz d'un théâtre, illuminant soudain les décors restés dans l'ombre, apportant avec lui la chaleur, le mouvement et la vie, Phébus, dans l'espace, darde ses rayons d'or, et déverse des torrents de lumière sur la lisière des grands bois.

Ce fleuve, c'est le Rhin ! Cette armée, c'est l'armée de la France ! Cette forêt, c'est la forêt Noire ! Cette plaine, c'est le champ de bataille où va se jouer le sort de deux nations.

Hourra ! le grand jour est venu ! Elle a sonné, enfin, l'heure marquée par les vieilles sagas celtiques, l'heure solennelle si impatiemment attendue ! Déjà, la veille, le soleil, se couchant dans une sanglante auréole, semblait avoir prophétisé les horreurs du lendemain. Hourra ! le sang bouillonne dans les veines, comme la lave d'un volcan ! Les fantassins ont mis baïonnette au canon, les cavaliers sabre au clair. De toutes parts retentissent les mâles accents de la *Marseillaise* et du *Chant du Départ*, comme en 1813, dans les brasseries d'Heidelberg, à travers la fumée des pipes, les chansons de Kerner. .Morts qui dormez depuis 1870, levez-vous, servez-nous d'avant-garde ! Nous marcherons avec orgueil sur vos traces, comme vous avez marché vous-mêmes sur celles de Kléber et de Kellermann, à cette époque glorieuse où toute une génération de héros promena le drapeau tricolore des Pyramides à Moscou, des sables du désert aux glaces de la Baltique, écrasant au Mont-Thabor les janissaires du Sultan et les Prussiens à Iéna.

Le signal est donné ; nos bataillons s'ébranlent, soulevant sur leur passage une épaisse colonne de poussière : c'est une trombe qui tourbillonne, un cyclone humain portant dans ses flancs le carnage et la ruine. Le grand-duché de Bade est envahi ; et maintenant, dans la forêt Noire. la charge retentit sous les verts arceaux. Les voyez-vous, nos petits soldats, se glissant à travers la ramure, l'œil au guet et le doigt sur la détente, se moquant du péril et des embuscades, et mourant le sourire sur les lèvres, le visage transfiguré par la poésie de la mort !

Hussards noirs, cuirassiers blancs tombent là pêle-mêle comme des épis mûrs sous la faux du moissonneur, comme les Saxons de Witikind sous l'épée de Charlemagne, comme au temps de Rome antique, les légions de Varus !

Arminius, Irmensul, vieux héros de la Germanie, génies des montagnes du Harz, voilez-vous la face ! L'Allemagne est traversée au pas de charge ; et sur la route qui mène à Berlin, le sang coule à flots. Aux sons de la trompette guerrière, les murs de la vieille capitale s'effondrent comme les remparts de Jéricho ; et, pour la seconde fois, nos cavaliers mènent boire leurs chevaux dans les eaux de la Sprée.

Jadis, fiers et superbes aux jours de la victoire, à votre tour, Germains, de connaître la ruine et l'humiliation ! Il se passera bien des hivers avant que le souvenir de la revanche ne s'efface de votre mémoire ; pendant longtemps encore, il empoisonnera vos jours et vos nuits, et viendra troubler, comme un fantôme sanglant, vos rêveries allemandes au clair de lune.

La scène change encore : j'aperçois une grande ville si vaste, que, pareille à l'immensité, sa circonférence est partout, et son centre nulle part. Ses larges avenues s'étendent à l'infini, désertes et silencieuses. N'en cherchez pas les habitants : ils reposent à l'ombre des cyprès, sous les tombes et les mausolées; car cette ville, c'est la ville des morts ! C'est un cimetière, une nécropole grandiose que la lune éclaire de ses pâles et mélancoliques rayons : c'est une solitude où l'oreille ne perçoit aucun bruit, aucun son, aucun souffle, si ce n'est celui du vent qui passe et de l'oiseau nocturne fendant l'air.

Soudain, les tombes s'entr'ouvrent et livrent passage à une longue file de fantômes, qui, à travers les croix, les monuments funèbres, les pierres tumulaires, au son d'une musique étrange, forment une farandole fantastique, une ronde immense dont la mort est le ménétrier. Debout, tête nue, pâle comme les spectres qui l'entourent, un homme cherche en vain à sortir du cercle fatal, aussi infranchissable pour lui que le 7e cercle du Dante pour les damnés de l'enfer. A ses pieds, une fosse vide, c'est la sienne ! Six pieds de terre attendent celui qui a commandé à la moitié de l'Europe; et l'homme dont la vie a été bercée par des chants de triomphe et de victoire, le mauvais génie de la France, ce colosse qui avait nom l'homme de fer, va descendre à son tour dans la tombe, chargé de la malédiction des peuples. Nuit et jour, sans trêve ni repos, la ronde tourna ; quand elle s'arrêta, le vivant n'était plus qu'un squelette que la mort d'un coup de sa faux fit rouler dans le trou béant ; et, tandis que, fossoyeurs étranges et sinistres, des chauve-souris gigantesques rabattaient de leurs ailes puissantes la terre sur le corps, on entendait s'élever dans l'air une mélopée lente et triste ; c'était le *requiem* du mort chanté par ses victimes.

Et maintenant, dans la vieille Alsace, l'âge d'or est revenu. Je vois la ligne bleue des Vosges, dorée par les rayons du soleil ; je vois, sur la rive gauche du Rhin, le drapeau tricolore dérouler fièrement les plis au souffle de la brise. Dans les cabarets, ses joyeux refrains de France ont remplacé les chansons tudesques ; et le soir, le dimanche, aux sons d'un orchestre de village, sous les vallées ombreuses, circulent et tournent des couples entrelacés, pendant que les anciens du pays, assis sur le seuil du logis, contemplent avec un mélancolique sourire, en fumant leurs longues pipes, les représentants de leur jeunesse disparue.

# LA TOMBE DU TURCO

### ÉPISODE DE LA GUERRE DE 1870.

Lsace, Lorraine, vos noms, quand on les prononce, font toujours battre nos cœurs, vous oublier, jamais ! De l'autre côté de la frontière, à Metz, à Strasbourg, la mémoire n'est pas moins fidèle. « Remember », souviens-toi, disent à leurs fils les descendants de Kellermann et de Kleber ! et à leur tour, les fils devenus vieux, rediront à leurs enfants les paroles paternelles, jusqu'au jour fixé par le destin, où, la trêve étant rompue, s'engagera la suprême bataille. Ce jour-là le grondement des canons fera trembler la terre; et nos morts eux-mêmes tressailliront dans leur tombe. Des steppes glacées de la Russie, comme des sables brûlants du désert, les ombres glorieuses des soldats de la grande armée surgiront en foule, et

marcheront, fantômes invisibles, en tête de nos
cohortes; à côté des cuirassiers de Morsbronn,
sabre au clair, passeront comme un tourbillon, plus
rapides que la tempête, les cavaliers de Murat.

Et quand au son des tambours battant la charge
comme ceux du pont d'Arcole, sur le Rhin rouge
de sang et charriant des cadavres, flotteront de
nouveau les couleurs nationales, alors, mais alors
seulement, il nous sera permis d'oublier.

Dans cette funeste campagne, sur cet horizon
sombre et noir, se détachent çà et là, brillants et
lumineux, comme les rayons d'un phare dans la
nuit obscure, d'éclatants faits d'armes, d'héroïques
dévouements, il est bon d'en rappeler le souvenir à
la mémoire des nouvelles générations, afin qu'à
leur tour, le moment venu, elles acquittent sans
regret et sans peur, la dette du sang, comme ont
fait leurs pères.

Nous sommes au trois décembre 1870. Le ciel est
terne et gris, d'un gris noir, comme s'il portait le
deuil des combattants tombés pour la patrie; une
couche épaisse de neige recouvre le sol durci par la
gelée; et le vent souffle à travers les grands bois.
Là-haut, dans l'air, planent lourdement corbeaux
et vautours, attendant la curée. C'est qu'il y a des
cadavres sous la neige! des taches sanglantes rougissent le blanc linceul; la mort a passé par là,
abattant sous sa faux gigantesque escadrons et ba-

taillons; c'est l'une de ces stations douloureuses
marquant les étapes successives de notre malheureuse armée, se repliant sur Orléans; quand ils
étaient las de reculer, nos soldats s'arrêtaient faisant tête aux assaillants, comme le sanglier traqué
par les chasseurs, puis amoindrie, mutilée, la colonne reprenait lentement sa marche, serrant les
rangs pour boucher les vides. Après avoir ainsi
livré à Chilleurs-aux-Bois, Loury, une série de
combats, notre arrière-garde venait de dépasser
Chanteau, petit village situé à quelques kilomètres
d'Orléans. Profitant d'un détour de la route, un
homme s'en détache, sans être aperçu, et bondit
dans un fourré. Caché derrière un épais taillis,
silencieux et sombre, le doigt sur la détente, on eût
dit un Klephte, ou un chasseur noir de Lutzow pré-
parant, en 1813, l'embuscade nocturne dans la pro-
fondeur des bois. C'est un Turco, c'est un enfant des
pays du soleil, échoué comme une épave dans les
brumes et les brouillards du Nord. Sous l'action de
cette basse température, son corps tremble, ses
dents claquent; mais son cœur ne tremble pas.
C'est un de ces noirs Africains, qui se ruaient sur
l'ennemi comme des bêtes fauves, semant sur leur
passage l'épouvante et la mort; ses vêtements sont
noirs de poudre, ses mains rouges de sang, et ses
yeux lancent par moments de fulgurants éclairs.
C'est qu'il pense à ses compagnons d'armes que

l'ange de la mort est venu chercher sur les champs
de bataille de Wissembourg, Reischoffen et Freisch-
willer. Devant lui, leurs fantômes passent et re-
passent, criant : « Frère, venge-nous ! » et c'est pour
obéir à ces voix sorties de la tombe, qu'il est là,
guettant l'ennemi, comme une panthère à l'affut.
Seul, le bruit du vent à travers le feuillage, trouble
le silence de la solitude ; ce n'est pas le brûlant
simoun qui soulève les sables et engloutit les cara-
vanes : c'est une raffale du sud, c'est une bise glacée
chassant devant elle des nuages noirs et sinistres ;
et sa pensée, franchissant l'espace, s'envole par delà
les mers ; sous le ciel bleu, au pays des palmiers, là
où la neige est inconnue, là où les blondes filles de
l'oasis livrent sans crainte aux baisers du soleil
leurs épaules et leurs bras nus, il revoit l'Algérie,
avec son cachet oriental, ses mosquées, ses minarets et ses cafés maures, où dansent, le soir, au
son de la darbouka, les almées du Caire et les oda-
lisques de Tanger et Mogador ; il n'entendra plus,
hélas ! les chansons des ksours, plus jamais, jamais
plus, les refrains des chameliers, car il va partir
pour le pays des rêves et des éternels sommeils.
C'est qu'il a juré de se faire tuer à la première rencontre ; c'est que lui aussi a la religion du drapeau ;
c'est à l'ombre des plis de cet emblème de la France,
se déroulant fièrement sous les rayons brûlants du
soleil d'Afrique, qu'il a fait ses premières armes, et

chargé jadis les tribus révoltées, en compagnie des goums blancs et des cavaliers rouges.

Soudain il tressaille ; au loin, sur la route, un bruit, qui va sans cesse grandissant, a frappé son oreille ; c'est le son des tambours de guerre : « Turco, prépare-toi à mourir ! » Derrière les tambours, qu'on dirait voilés de crêpe, tant la batterie en est sourde, une troupe ennemie s'avance, marquant le pas, comme à une marche funèbre, tandis que là-bas, dans la plaine, la cloche d'un village voisin tinte le glas des trépassés, en tête apparaît le drapeau prussien :

Vrai drapeau d'ossuaire,<br>Noir comme le linceul, blanc comme le suaire.

La colonne s'avance en masses compactes, tranquille et confiante dans sa force numérique ; soudain passe à travers l'espace un râle d'agonie. Derrière un vieux chêne, une lueur avait brillé, et l'officier de tête, atteint en plein front, tombait foudroyé. Dans l'air, une légère fumée blanche flottait. A cette détonation isolée, l'ennemi répond par un feu de bataillon ; en quelques instants, la forêt est envahie, et la charge retentit sous les verts arceaux. Dédaignant l'abri qui l'avait jusqu'alors protégé, le fils de l'Islam, la figure illuminée comme celle du martyr qui meurt en confessant sa foi, bondit comme un tigre, et fait dans les rangs de l'envahisseur une trouée sanglante. Accablé par le nombre, il tombe enfin, et rend son âme, les yeux tournés vers le sud, comme s'il avait eu, à cette minute suprême, une vision du désert, à l'heure mélancolique où le soleil couchant disparaît derrière les grandes dunes.

Une pierre entourée d'une grille, avec une courte et laconique inscription, c'est tout ce qui reste du soldat d'Afrique ; son corps repose là pour toujours, sous les genêts et la bruyère, à l'ombre des grands arbres de la forêt ; et son âme s'est envolée aux séjours radieux créés par l'imagination orientale.

Il y avait, à la dernière Exposition du Champ-de Mars, un tableau signé Lubin, très admiré des visiteurs. Dans un décor hivernal, à travers les arbres blancs de neige, on y voyait l'intrépide Turco frappé d'une balle au cœur et sur le point d'expirer, tendant vers l'ennemi son poing menaçant.

Jeune soldat, souviens-toi du Turco de 1870 ! Souviens-toi de Marceau, blessé à mort, et s'écriant : « Mon Dieu, protège la France, tu vois comment meurent ses enfants ! » Souviens-toi des incendies de Bazeilles ! et quand le spectre rouge de la guerre apparaîtra de nouveau sanglant à l'horizon, à travers les balles et la mitraille, en avant, pour Dieu et la patrie !

# UNE AVENTURE DE JEUNESSE

I y a bien longtemps que se sont passés les faits que je vais essayer de raconter. Bien des hivers se sont succédé ; et sous l'action de la nature, ce grand teinturier, le seul à qui j'aie jamais eu affaire, mes cheveux, blonds alors, ont pris aujourd'hui cette teinte grisâtre qu'on appelle communément « poivre et sel ».

Je n'étais pas, à l'époque, très expert dans l'art de diriger ma barque à travers les courants de la vie ; et si l'on eût cherché un bon directeur pour les ballons, les consciences et les gouvernements, on eût été mal venu de s'adresser à moi.

Depuis, l'expérience m'a mûri, tout en m'enlevant mes dernières illusions, et j'ai acheté une conduite.

Je venais d'être nommé Receveur des Domaines au bureau de...,. ; vous me permettrez d'en taire le nom : l'emploi était modeste, et les appointements minces... comme ma personne. Un homme aussi maigre, avait sans doute pensé l'Administration, n'a pas besoin d'être grassement payé.

Je charmais les loisirs que me laissaient mes occupations, en faisant, suivant mon habitude, le tour du monde de ma nouvelle résidence, découvrant chaque jour de nouveaux sites, de nouveaux sentiers, avec autant de plaisir, et moins de danger que Christophe Colomb, Pizarre et Fernand Cortez ; tantôt, assis sur un tas de cailloux, causant avec le cantonnier des origines de la pierre, sans calembour ; avec le facteur rural, de l'économie politique en général, et de celle des chaussures en particulier ; contractant enfin dans la fréquentation des gendarmes, dont j'enregistrais les procès-verbaux, l'horreur des parfums et le respect de la loi. Poussé, un jour, par je ne sais quel vent de folie, je marchai à pieds joints sur les convenances sociales, et manquai de la façon la plus grave au respect dû à la vénérable personne qu'on appelle l'Administration ; vous ne devineriez jamais, sans aucun doute, la fantaisie, originale à coup sûr, qui me passa par la tête, et qui m'aurait valu, dans la vieille Angleterre, un juste renom d'excentricité ! — Je montai sur les planches avec des artistes ! J'allais dire des saltimbanques ! Non ; car, on ne peut, en toute justice, qualifier ainsi des gens qui abordaient tous les genres, sans être effrayés d'aucun, et passaient avec la même aisance du classique au romantique, qu'ils auraient passé du symbolisme au naturalisme, si ces deux nouvelles incarnations du théâtre avaient alors existé. Ils étaient deux : le mari et la femme. Etait-ce un faux ménage, comme on en voit tant ? C'est possible : discret par nature, je n'ai jamais cherché à le savoir. Ce que je savais bien, par exemple, c'est que Michaëla avait de superbes yeux noirs brûlants et troublants, qui m'avaient fait flamber d'autant plus facilement que, ainsi que je l'ai dit plus haut, j'étais sec comme une allumette, et que, de plus, ma famille m'avait toujours soigneusement tenu à l'écart du feu. Ce n'était pas, certes, avec les quinze francs par mois qui m'étaient alloués pour mes menus plaisirs, que je pouvais me permettre de flirter avec les danseuses, fût-ce même avec des danseuses de corde !

Le talent, malheureusement, ne mène pas toujours à la fortune. La richesse pour le ménage artiste était comme un mirage, comme une chimère qui fuyait toujours devant eux, sans qu'ils puissent l'atteindre. Seul ou à peu près seul, j'appréciais leur mérite ; mais ma modeste obole n'était pas suffisante pour remplir leur caisse ; et ils se préparaient à partir à la recherche d'un public mieux doué, quand la charité fit soudain jaillir dans mon cerveau une idée que je jugeai lumineuse. Etait-ce bien la charité toute seule ? Ne s'y mêlait-il pas un peu d'égoïsme ? et les yeux noirs de Michaëla n'y étaient-ils pas pour quelque chose ? Peut-être ! On a toujours dit que l'enfer était pavé de bonnes intentions. Un soir donc qu'il y avait relâche, par suite du manque complet de spectateurs, je pris à part Piétro et Michaëla, et tout en prenant le café avec eux dans la salle de l'hôtel : « Chers amis, dis-je à ce couple infortuné qui avait vu le jour sur les bords du golfe de Naples, vous m'avez tout l'air, soit dit sans vous offenser, de tirer le diable par la queue. Ça ne m'étonne pas ; je sais ce que c'est, l'ayant assez souvent tiré pour mon compte. Je sais aussi, par expérience, que le métier ne nourrit pas toujours son homme ; et joindre les deux bouts a toujours été pour moi un rêve que je n'ai jamais pu réaliser. Approchez-vous tous les deux ; j'ai une proposition à vous faire, — plus près encore, — dis-je à Michaëla ; et à Piétro : — Vous, restez là ! vous êtes bien : Donnez-moi un rôle dans vos pièces, et mettez-moi sur l'affiche. »

On juge de l'effet produit. Leur reconnaissance déborda, sans cependant dépasser, de la part de Michaëla, les limites que j'aurais aimé lui voir franchir. Les conséquences pratiques de ma proposition leur sautèrent immédiatement aux yeux, et leur brillante imagination vit soudain en perspective une longue file de spectateurs se déroulant devant les portes du théâtre, comme la queue d'un serpent. « E viva la Francia ! Viva l'Administrazione del Domanio ! Viva tutti el mundi ! » s'écria Piétro en jetant son chapeau en l'air. Puis, saisissant sa cornemuse, l'expansif Napolitain fit signe à sa compagne, et tous deux se mirent à danser la tarentelle.

Cette scène se passait en pleine Auvergne. terre classique de la bourrée. Il y avait là quelques habitués, tous enfants du pays, et qui charabiataient à qui mieux mieux. Cette tarentelle, qu'ils prirent pour une bourrée d'Italie, leur fit l'effet d'une provocation. Allaient-ils baisser pavillon devant l'étranger ? Les enfants de Vercingétorix reculeraient-ils devant les descendants de César ? Allons donc ! « Fouchtra, dit l'un deux en se levant, mets-toi en face de moi, Gros-Pierre, et montrons à ces gens du Midi, comment on se trémousse dans la Limagne et à Saint-Flour. » Aussitôt dit, aussitôt fait. Et au son d'une vielle qu'on alla quérir, les lourds sabots des danseurs frappèrent le sol, marquant la mesure avec tant de force, qu'on eût dit qu'il s'agissait d'enfoncer des pavés ; et je pensais à part moi, que si les morts pouvaient sortir de leur tombe, que si le fameux Roland, le fils des preux, le neveu de Charlemagne, eût été présent, et que ces gens-là lui eussent marché sur le pied, il eût été fort mal à l'aise, à cause de son cor, dont il sonnait si bien. Quand les sabots furent fatigués. d'autres les remplacèrent; et le parquet, martelé à outrance, protestait en vain, par ses lames brisées. contre ce nouveau pas de la sabotière, qui ne rappelait en rien celui dansé dans la *Korrigane* par M^{lle} Mauri.

C'est ainsi que prit gaiement naissance, au son de la vielle et de la cornemuse, la société en commandite Piétro, Michaëla et Compagnie. C'était de bon augure.

Comme la danse avait engendré une épaisse poussière, qui pouvait avoir engendré des microbes, lesquels pouvaient engendrer des maladies, nous nous empressâmes de sortir, pour aller nous isoler dans mon bureau, où l'on s'occupa sans retard de la rédaction des affiches. Habile calligraphe, Piétro confectionna, avec un morceau de bois trempé dans l'encre, de superbes pancartes, où mon nom et ma profession s'étalaient en gros caractères. Elles furent placées aux quatre coins du pays. le lendemain, à la nuit tombante, et non timbrées. Les contraventions à la loi étaient le moindre de mes soucis ; j'avais ma foi fort bien autre chose en tête. L'effet produit fut remarquable ; dès le lever du soleil, des groupes nombreux stationnaient devant chaque affiche, poussant des : « Oh ! » et des « Ah ! » très flatteurs pour mon amour-propre, et qui dénotaient chez ces contribuables une forte envie d'apporter leur pécule, pour cette fois, à une autre caisse que celle du Gouvernement. Le dimanche suivant, jour de la représentation, je me préparais à partir pour aller déjeuner, quand on m'annonça la visite du juge de paix. Que pouvait me vouloir ce grave magistrat à une heure aussi matinale ? Il venait, hélas ! jeter une goutte d'eau froide sur mes illusions ! Il venait, au nom de la raison, de la famille et de l'Administration, me prier de ne pas donner suite à mes projets ! Il tombait mal. Après avoir écouté poliment, mais froidement, l'homélie de ce désagréable personnage, je le mis tout doucement à la porte, non sans lui avoir témoigné ma vive reconnaissance pour les excellents conseils qu'il m'avait donnés — et que je me promettais bien de ne pas suivre. Après le juge de paix, ce fut le tour du curé de la paroisse, puis du pasteur protestant, avec qui j'entretenais d'excellentes relations. De quoi se mêlaient-ils, je vous le demande ? Vous perdez votre temps, mes braves gens. Tout ce que je puis faire pour vous, leur dis-je en les reconduisant, c'est de vous donner un billet pour la première.

Je pestais contre ces fâcheux, ces raseurs qui avaient retardé l'heure de mon déjeuner. N'ayant, par économie, ni montre, ni pendule, je jetai les yeux sur l'horloge de la nature. Il était midi au

soleil. Rien ne creuse davantage qu'un sermon, si
ce n'est trois sermons. Je me dépêchai d'aller à
mon hôtel. Je mangeai rapidement, et rentrai chez
moi, soucieux et préoccupé. Mes débuts du soir me
donnaient à réfléchir. Sur le point de passer le Ru-
bicon, j'avais, comme César, des hésitations ; après
tout, dis-je en fredonnant, les canards l'ont bien
passé, tire-lire..... allons-y gaiement et vogue la
galère ! Je passai toute mon après-midi à repasser
mes rôles, que je ne possédais pas très bien. Nous
nous fîmes servir à dîner à part, Piétro, Michaëla
et moi. Le repas fut, ma foi, très gai ; sous l'action
du Bourgogne et du Champagne, dont ma bourse
fit les frais, les nuages qui obscurcissaient ma
pensée se dissipèrent comme le brouillard sous les
rayons du soleil. Je vis l'avenir couleur de rose et
comme dans un mirage, en même temps que sau-
taient les bouchons, le bonnet de Michaëla s'envo-
ler par dessus les moulins. A l'heure fixée, nous
entrâmes au théâtre par la porte spéciale réservée
aux artistes. La salle était comble, et les spectateurs pressés comme des morues revenant de Terre-
Neuve. C'était de bon augure. Le moment critique
arriva ; les trois coups traditionnels furent frappés ;
la toile se leva ; et j'apparus ! Ma présence fut saluée
par des bravos enthousiastes. La salle croulait sous
les applaudissements. Depuis Mélingue et Frédéric
Lemaître, on n'avait rien vu de pareil. Je débutai

par une rêverie en si bémol mineur que j'exécutai
sur le piano, mon piano que j'avais fait transpor-
ter pour la circonstance. J'essayai de rendre l'impression qu'on éprouve devant les grands paysages
de la nature, les montagnes, les cascades, les gla-
ciers. Le public, si chaud tout à l'heure, resta de
glace devant cette improvisation. Seules quelques
intelligences d'élite en apprécièrent sans doute la
fraîcheur pénétrante, car elles demandèrent immédiatement leurs pardessus, et déjà je les en remer-
ciais mentalement quand je m'aperçus que c'était
pour sortir. Ça commençait mal.

Je ne me décourageai pas néanmoins ; je comptais sur l'effet du drame qui allait suivre, intitulé :
« *Le retour du Croisé.* »

J'y remplissais le rôle très restreint, il est vrai,
du noble chevalier Enguerrand de Coucy, car j'ar-
rivais de Palestine, à la fin de la pièce, juste à
temps pour recevoir le dernier soupir de ma noble
épouse Hermangarde, qui n'était autre que Michaëla. Excellente occasion pour l'embrasser !
N'était-ce pas dans mon rôle? Je l'embrassai donc
avec toute l'ardeur d'un époux dont l'absence a ra-
vivé la flamme, si bien que Michaëla finit par me
rappeler à l'ordre, et me faire observer à voix basse,
sans cesser de conserver la raideur cadavérique
voulue, que le public s'impatientait, et que je devais
me dépêcher de mourir à mon tour. J'avais, en effet,

été condamné à mort par l'auteur, un homme san-
guinaire, s'il en fut, et qui tuait tous ses personnages, les uns après les autres. « Vous avez raison, chère amie, répondis-je ; mais vous seriez
bien aimable de me souffler la phrase que je dois
prononcer, et que j'ai complètement oubliée. » —
Où est le cimeterre que m'a donné le sultan Sa-
ladin ? murmura-t-elle à mon oreille. « Très bien,
j'y suis » répliquai-je ; et me relevant d'un bond :
« Où est le cimeterre que m'a donné le sultan Sa-
ladin, répétai-je, que je m'en perce les flancs ? » Au
fait, qu'était devenu ce cimeterre ? Je ne le voyais
plus ; je cherchai, mais sans succès. Je ne perdis
pas la tête. Avec une présence d'esprit peu ordinaire, avisant dans un coin une bouteille de champagne apportée par Piétro, pour occuper les
entr'actes : « — A moi le poison des Borgia ! »
m'écriai-je, et, saisissant la bouteille, j'en avalai
une large gorgée, et me laissai ensuite tomber
raide près du cadavre de Michaëla. La toile tomba
aussi. Dans la salle, un morne silence régnait. Pas
de sanglots, pas de larmes, ainsi que je l'avais es-
péré ! Les mouchoirs s'obtinaient à rester dans les
poches. Ce drame est une fumisterie, disait l'un ;
ça ne tient pas debout, disait un autre. C'est bon à
mettre au panier et l'auteur à Charenton. On par-
lait de rendre l'argent. Je renonce à peindre la tête
de mes collaborateurs. Du cœur, sacrebleu, leur

dis-je ! Aux derniers les bons ! Nous gagnerons la bataille quand même.

Nous reprimes courage ; et quand la toile se leva, nous étions bien résolus à vaincre ou à mourir. Si la mémoire faiblissait, tant pis ! On ne s'arrêterait pas pour si peu ; chacun y mettrait du sien. Le premier, je me vis dans l'obligation de substituer ma prose à celle de l'auteur. Le public s'en aperçut, et applaudit ; donc le changement de cuisine ne lui était pas désagréable. Alors, je ne me gênai plus. Je coupai, je tranchai ; en un mot je taillai en grand, si bien que l'auteur n'eût jamais reconnu sa pièce. Plus je taillais, plus on applaudissait ; je sentais cette fois que j'étais dans le mouvement, et qu'il y avait entre moi et le public un courant sympathique. Alors, fiévreux, surexcité, dédaignant mes collaborateurs, je contrefis, débitai, et mimai tous les rôles, changeant de peau à chaque instant, et faisant avec le même succès le jeune premier, le traître, et même la prima-dona. On se tordait sur les banquettes. Moi seul, et c'est assez ! Allez, disparaissez, dis-je à mes associés, et je les congédiai d'un geste royal à la Talma. Malheureusement, je mis une telle ampleur à décrire le geste, que mon centre de gravité se trouva déplacé, et qu'obéissant aux lois de la pesanteur, j'allai m'abattre lourdement sur le plancher. Le bon public applaudit ; il croyait que je l'avais fait exprès. « Comme c'est ça tout de même ! Comme il est tombé naturellement, » disait-on dans la salle ! Je le crois bien, parbleu, que « c'était ça » ; on ne pouvait certes pas tomber plus naturellement, et la bosse que je m'étais faite au front n'avait rien d'imaginaire. La recette fut énorme ; le succès de cette représentation nous encouragea à en donner d'autres, qui ne réussirent pas moins bien. Aussi ne fut-ce qu'après avoir épuisé la mine et drainé une bonne partie de l'argent du pays, que Pietro et Michaëla se préparèrent à partir. Ils m'engagèrent à les suivre ; je refusai avec fermeté ; mon désir de leur être agréable n'allait pas jusque-là. Les adieux furent mélancoliques et tristes comme ceux de Napoléon à Fontainebleau. Le temps, lui aussi, n'était pas gai ; il avait mis sa robe la plus sombre ; et nous étions menacés d'un coup d'arrosoir sérieux. Comme il n'y avait pas de parapluie dans les bagages de la troupe, Michaëla me pria de bien vouloir lui prêter le mien. Il était tout neuf, bien confectionné, et assez large pour abriter sous son envergure le personnel de l'arche de Noé, au grand complet. C'était ce qu'on appelle un parapluie de famille, dont un vieil oncle m'avait fait cadeau, dans l'espoir sans doute que je m'en créerais une. En raison de cette origine, je me permis de le recommander d'une façon toute spéciale. « Soyez tranquille, me répondit Pietro, en appuyant une main sur son cœur, le parapluie de Monsieur votre oncle nous sera sacré, tout aussi sacré, croyez-le bien, que s'il nous appartenait. » Je ne compris que plus tard le sens caché que ces paroles renfermaient.

Ils s'éloignèrent ; je les suivis des yeux, jusqu'à ce qu'un tournant de la route les eût dérobés à mes regards. Seul, en raison de sa taille gigantesque, et pareil au mât d'un navire, le parapluie resta visible quelque temps encore ; puis, masqué sans doute par la rotondité de la terre, il disparut à son tour à l'horizon. Je repris alors, sous une pluie battante, le chemin du bureau, où j'arrivai aussi désolé que Calypso après le départ d'Ulysse, et trempé comme Télémaque, quand Mentor l'eût précipité dans l'onde amère.

## EPILOGUE.

Huit jours après, j'étais mandé d'urgence dans le cabinet du Directeur des Domaines, où je recevais tout autre chose que des félicitations.

Je ne revis jamais mon parapluie.

# UN DINER A LA CAMPAGNE

E viens enfin de recevoir la lettre officielle par laquelle l'Administration m'informe qu'elle a bien voulu m'accorder un congé de quinze jours ; suivant l'usage, il m'a fallu, pour l'obtenir, me mettre en frais d'imagination, afin de trouver le prétexte honnête qu'elle exige, dans l'espèce, de tout solliciteur. « Affaires de famille », avais-je déjà dit, il y a trois ans, en faisant mourir un oncle. J'ai récidivé aujourd'hui, en enterrant sa veuve, afin que le pauvre homme ne fût pas tout seul dans un monde meilleur. J'ai donc remis sans regret à l'intérimaire la clef de l'hôtel du timbre, pour prendre celle des champs ; j'ai brossé consciencieusement mes vêtements, et secoué sur le seuil mes sandales de voyageur, afin que l'Administration ne puisse me faire le reproche d'emporter avec moi un seul atome de la sainte et sacrée poussière qui couvre et conserve nos archives. « Dormez en paix vénérables compagnons de ma jeunesse, dis-je en partant, à tous mes registres et sommiers ! Jouissez comme moi d'un repos qui vous est bien dû, et que mon remplaçant s'est engagé à respecter religieusement ! »

Et maintenant, assis à l'ombre d'un chêne comme autrefois Tityre, dans une riante villa, je respire à pleins poumons l'air pur et embaumé des prairies et des bois, à travers lesquels circule le Cher en traçant de gracieux méandres.

Arrivé d'hier, et logé dans la bibliothèque, au-dessous d'un grenier à grain, je viens de passer une nuit qui n'a pas été sans charme. De minuit à quatre heures du matin, d'énormes rats n'ont cessé de mener au-dessus de ma tête des rondes infernales, comme les sorcières de Macbeth ; et même, ils se montrèrent audacieux, le croirait-on, au point de pousser des reconnaissances jusque dans ma chambre, et de grimper sur mon lit. Ce fut un siège en règle, que je soutins de mon mieux. J'attendais qu'il y en eût un certain nombre de réunis sur ma couverture ; alors m'arc-boutant solidement sur les reins, je projetais mes jambes en l'air, et je faisais sauter au plafond, avec la violence d'une catapulte, tous ces incommodes visiteurs. La nuit se passa dans cette agréable occupation. Quand l'aurore parut, de nombreux cadavres étendus sur le sol témoignaient de l'énergie de ma résistance.

Quelques autres invités furent logés à la même enseigne ; et, comme moi, ils passèrent à jouer de l'escarpolette le temps qui aurait dû être consacré au sommeil. Le nombre des rongeurs ainsi envoyés à la balançoire et à la mort, dépassa tout ce qu'on peut imaginer. Ce fut la Saint-Barthélemy des rats !

Mais, qu'importe, en somme, d'être livré aux bêtes comme les chrétiens des premiers âges! Le bonheur que l'on goûte aux champs efface tout, tout, excepté le crime! « *O fortunatos nimium, sua si bona norint, agricolas* », a dit le poète; et l'on ne saurait payer trop cher le plaisir de marcher dans le fumier, de boire du lait sans eau, d'entendre coasser les grenouilles et chanter les grillons, et enfin, moulu, brisé, après six heures laborieusement employées à voyager dans les terres labourées, de pouvoir dire, comme Lafontaine, en voyant le soleil disparaître à l'horizon: C'est le soir d'un beau jour !

La maison est spacieuse: de nombreuses horloges y règlent la marche du temps. Malheureusement, ces horloges, douées d'une indépendance de caractère vraiment remarquable, ne sonnent que quand ça leur plaît. Aussi, comme l'habitation n'est qu'à cinq cents mètres du chemin de fer, on s'en rapporte plus généralement, quand on veut connaître l'heure, au sifflet des locomotives qui passent — Il est prudent d'apporter sa montre.

Un rayon de soleil perpétuel illumine le logis ; je veux parler du sourire et de la bonne humeur de la maîtresse de la maison, M^me Lucie Vermont, qui, bien qu'ayant entendu sonner la cinquantaine, a gardé toute la grâce et la fraîcheur de la jeunesse. Ce sourire hospitalier met tout de suite les visiteurs à l'aise ; et si, par suite de sa pétulance et de sa vivacité, qui l'ont fait surnommer par son gendre « Madame Tourbillon », la cuisine se trouve quelquefois faite un peu à la diable, tout s'efface devant la cordialité de l'accueil. Son mari, d'un caractère plus calme, mais non moins hospitalier, est tout à la fois un agronome distingué, un érudit et un chercheur. Membre de plusieurs sociétés historiques, il n'a pas de plus grand bonheur que de fouiller la terre, pour y découvrir des haches celtiques ou des tombes romaines, ou bien encore les rayons d'une bibliothèque, à la recherche d'un manuscrit inédit. Ces occupations l'absorbent à tel point qu'il en oublie parfois l'heure d'un repas, d'un train, et même, chose plus grave, quand il est en voyage, sa femme qui l'attend, et qu'il laisse se morfondre dans un magasin ; ces jours-là, par exemple, le sourire de M^me Tourbillon disparaît, et le rayon de soleil fait place à la tempête ; mais ce n'est que pluie d'orage ; le beau temps revient vite, et n'en est que mieux accueilli.

Tout d'abord, ça alla bien ; on buvait sans

compter à la coupe des plaisirs champêtres; on menait la vie pastorale à grandes guides ; comme les bergers de Virgile, on se régalait de « *castaneœ molles, et pressi copia lactis ;* » on ne se lassait pas enfin d'aller, sous la conduite de la maîtresse de la maison, contempler le spectacle, toujours plein d'intérêt, d'une mère vache allaitant son veau, ou les ébats d'un jeune poulain dans la prairie. Néanmoins ces promenades quotidiennes aux étables perdirent peu à peu de leur charme. C'est alors que, sur une inspiration venue du ciel, Lucie se décida à introduire dans notre vie si calme et si paisible un élément nouveau destiné à en rompre la monotonie, et à donner un grand dîner en notre honneur. Nous battîmes tous des mains à cette « great attraction », qui nous ouvrait des horizons inconnus, et pour laquelle elle nous promettait des distractions inédites. Elle ne croyait pas si bien d're! Mais n'anticipons pas. Lucie, chez qui l'exécution suivait toujours de près la pensée, se mit sans plus tarder à rédiger ses lettres d'invitation ; pour que la fête fût plus complète, des chambres étaient mises à la disposition des invités. Nous étions au mardi, et le dîner devait avoir lieu le samedi suivant.

Ce jour-là, ce fut dans la maison, comme sur le pont d'un navire, un branle-bas général. Dans la cuisine, tous les fourneaux allumés, et le sifflement

de la vapeur, faisaient penser à une machine sous
pression. L'immense cheminée elle-même avait été
utilisée et convertie en un énorme brasier. Sur la
table s'entassaient pêle-mêle lapins, poulets, canards
— plumés, vidés, et tout prêts à mettre à la broche.
Il y régnait enfin une animation inaccoutumée, qui
rappelait celle de la forêt où les serviteurs de
Riquet-à-la-Houpe préparaient le repas des fian-
çailles. Levée dès l'aube, plus fébrile et plus active
que jamais, Lucie menait et dirigeait le mouvement
avec un entrain endiablé. Ah! pour sûr, on ne man-
gerait pas de la viande saignante! et en sentant
l'énorme chaleur projetée par le foyer, je ne crai-
gnais qu'une chose : c'est que les rôtis ne le fussent
trop, et que le four de cuisine ne devint un four à
crémation.

Les invités furent exacts; à six heures, un coup
de cloche vint annoncer que le dîner était servi : et
nous nous dirigeâmes tous vers la salle à manger,
avec un empressement de bon augure.

A peine Lucie eut-elle ouvert la porte, qu'un cri
d'horreur lui échappa. Fanor, le grand chien courant, surnommé à juste titre l'Attila des cuisines,
le fléau des salles à manger, avait été laissé, depuis
deux heures environ, en tête-à-tête avec le dîner.
Dissimulé sous une table, il avait facilement
échappé à l'œil myope de Lucie, qui sans s'en
douter le moins du monde, avait renfermé le loup

dans la bergerie. On devine aisément ce qui était résulté d'une pareille situation. Fanor, qui n'avait pas fait sa philosophie, et ne savait pas commander à ses passions, s'était mis à la besogne. C'était un laborieux ! Tout ce qui était mangeable fut mangé. On eût dit qu'un bataillon de Prussiens avait passé par là. A l'exception des pendules, dont il se souciait peu, Fanor avait tout senti, tout inspecté, tout dévoré, même le dessert ! « Un si beau dessert », s'écriait douloureusement Lucie, en levant les bras au ciel ! Son désespoir était navrant ; et nous eûmes beaucoup de peine à la calmer. — L'œil à demi-clos, repu, engourdi, Fanor couché sur un paillasson, s'offrait à nous dans l'attitude d'un boa qui digère. Je laisse à penser si on se gêna pour secouer sa torpeur, et lui faire ce qu'on appelle vulgairement une « conduite de Grenoble » bien comprise. Fort heureusement, quelques plats chauds, prudemment couverts, avaient échappé à sa voracité. Nous prîmes donc tous gaiement notre parti de l'aventure. Nous n'en avions pas fini, hélas ! avec les surprises qui devaient aller « crescendo », et finir, comme dans un feu d'artifice, par un brillant bouquet,

On allait servir le potage, quand un monsieur à maigre figure, borgne par-dessus le marché, et peut-être pour cette raison, porté plus qu'un autre à envisager d'un mauvais œil les choses d'ici-bas, un de ces hommes « tant-pis », dont la médecine n'a pas malheureusement le monopole, s'avisa de faire observer que nous étions treize à table, et créa sur ce thème une foule de variations plus ou moins réjouissantes. Avec non moins d'éloquence, mon voisin, gros et gras Marseillais, à type rabelaisien, digne représentant de la race des « tant-mieux », soutint la thèse contraire, s'engageant à manger pour deux, ce qui, suivant lui, romprait le maléfice. Il n'en fallut pas davantage pour diviser immédiatement l'assemblée en deux camps. Superstitieux et sceptiques discutèrent la question du pour et du contre, avec un acharnement qui rappelait les séances les plus orageuses de la Chambre. Une jeune femme qui se trouvait dans une situation intéressante, en fut si vivement impressionnée, qu'elle faillit être délivrée avant terme. Ce dénouement, qui eût tranché la question, ne se produisit malheureusement pas. C'est alors que le maître de la maison, qui était maire de sa commune, proposa un amendement qui, vu l'urgence, fut favorablement accueilli. Il offrit d'envoyer chercher le garde-champêtre, dont l'acceptation n'était pas douteuse. Cinq minutes après, cet honorable et modeste fonctionnaire faisait son apparition.

On fit une ovation à ce sauveur de la situation. Puis on apporta le potage, et chacun se mit en devoir de réparer le temps perdu. A la première

cuillerée, tous les convives firent la grimace, et
se regardèrent surpris, semblant se demander :
« Qu'est-ce que c'est que ça ? » Mystère et caramel ! Les maîtresses de maison, soit dit en passant, ne sauraient jamais trop se méfier des cuisinières qui ont l'amour en tête. Or, Sidonie, —
c'était le nom de la nôtre, — dont le prétendu était
soldat, venait de recevoir une lettre de lui, dans
laquelle Anastase annonçait à sa promise son arrivée pour le soir même. Une mèche de cheveux y
était jointe. Cette mèche mit le feu aux poudres, et
l'imagination de Sidonie à l'envers. Electrisée,
affolée, cette trop sensible cuisinière ne songea
plus qu'à bâcler son ouvrage, pour s'en aller plus
vite. En conséquence, le repas fut préparé et expé-
dié avec la rapidité d'une charge en douze temps ;
car, si son corps était à la cuisine, son esprit était
au régiment. Elle nous le fit bien voir, en mettant
dans le bouillon du caramel en quantité suffisante
pour colorer le potage de tout un bataillon.

Ça commençait bien ; le nez de Lucie, nez char-
mant s'il en fut, trouvait moyen de s'allonger, et
battait des ailes comme un moulin à vent. Les
plats qui suivirent étaient accommodés d'une façon
tout aussi fantaisiste que le potage. Les sauces,
tantôt salées et poivrées militairement par la fiancée du troupier, emportaient la bouche ; tantôt, au
contraire, fades et allongées, semblaient avoir été

empruntées au robinet d'une fontaine; et les rôtis étaient tellement calcinés, que je n'osais pas y toucher, dans la crainte de les voir se réduire en cendres sous mes doigts, comme Sodome et Gomorrhe. Du coup, l'optimisme du Marseillais fut fortement ébranlé. « Tron de l'air! — s'écriait douloureusement ce brave homme, qui, en désespoir de cause, s'était mis à peler un oignon cru, et pleurait en le mangeant, — que n'ai-je en face de moi une bonne bouillabaisse, au lieu de cette nourriture d'Israélite! » On pense si de semblables réflexions faisaient plaisir à la maîtresse de la maison, dans le cœur de qui elles vibraient tristement, comme la corde d'un piano qui casse. Par contre, l'homme « tant-pis » était aux anges; ce contempteur égoïste de la gaieté gauloise, doué d'un mauvais estomac, et partant triste mangeur, se riait du malheur des autres; et il ne lui déplaisait pas de leur voir broyer du noir à défaut d'aliments.

Rien n'est féroce, hélas! comme un estomac à jeun; je prévoyais des scènes effroyables, comme sur le radeau de la *Méduse*, et nous allions peut-être, faute de mieux, nous dévorer les uns les autres, quand l'arrivée inattendue d'une tête de veau vint, comme Desaix à Marengo, opérer une diversion favorable. Cette tête n'avait qu'un œil : était-elle borgne de naissance, ou par accident ?

Peu nous importait; nous avions toute autre chose à faire qu'à lui demander ses papiers; Dieu merci, la cuisinière n'avait pas collaboré à sa préparation; on allait donc enfin pouvoir manger! Nous nous précipitâmes tous avec ensemble sur ce plat sauveur, comme les Hébreux dans le désert sur la manne céleste, à l'exception d'une dame veuve qui, se figurant — à tort ou à raison — y reconnaître les traits de son défunt mari, et mue par un sentiment de délicatesse que tout le monde comprendra, crut devoir s'abstenir. On pense si la tête de veau fut expédiée bon train, et le Marseillais venait de planter sa fourchette dans le dernier morceau, quand ses lèvres laissèrent échapper tout à coup un juron formidable qui fit trembler la salle : « Tron de l'air, quès a co? Qu'est-ce que c'est que ça? » s'écria-t-il; et, levant les bras en l'air, il exhiba, aux yeux des assistants stupéfaits, une petite masse informe. On eût dit un écheveau de fil! Les fils étaient rouges. Chacun émit son avis; c'est du poil de carotte, disait l'un; à moins, reprenait un autre, que ce ne soit un souvenir historique, un échantillon de la chevelure de Clodion. Vérification faite, c'était tout simplement la mèche de cheveux d'Anastase, qui s'était échappée du corsage de la cuisinière, à l'insu de celle-ci. Ahurissement des convives! Tableau! Tête des gens qui avaient mangé de celle du veau, et à qui cette découverte fut certainement moins agréable qu'à Christophe Colomb celle de l'Amérique !

Seul, entre tous, le garde-champêtre ne cessa de donner, tout le temps que dura le repas, des preuves de la plus haute capacité. Cet homme, à l'air simple et bon, mais à l'estomac grand comme une soupière, mangea de façon à satisfaire les maîtresses de maison les plus exigeantes. Il but en proportion, et, sous l'influence du vin, devint subitement familier et égrillard, au point de tutoyer son maire ; on dût renvoyer à ses pénates ce scandaleux personnage.

Ainsi finit ce dîner mémorable, qui, moins heureux que certains peuples, méritait d'avoir son histoire. Plus d'un convive dût rester forcément sur son appétit ! Plus d'un regard anxieux se porta sur la porte qui communiquait à la cuisine, espérant toujours qu'il en sortirait quelque chose. Vain espoir ! Peines perdues ! Il n'y avait que Lucie, à qui la nourriture fût indifférente ; la douleur nourrit.

Amère dérision ! On aida à la digestion de ce repas hygiénique et mouvementé par de nombreuses tasses de thé ; puis une bourrée fut organisée ; et, de dix heures à minuit, on acheva de le faire descendre en tapant des coups de soulier, comme de vrais Auvergnats. Après quoi, chacun s'en fût coucher. Qui dort, dîne ! Dix minutes plus tard, tous dormaient d'un profond sommeil.

Tout est bien qui finit bien ! les bans de la cuisinière ne sont pas encore publiés. Anastase attend
toujours ses papiers. D'aucuns doutent qu'ils
arrivent jamais.

Ce ne fut qu'avec regret que je quittai cette charmante oasis du Cher, pour retourner dans mon
Sahara beauceron, après avoir, bien entendu, sin-
cèrement remercié M. et M^{me} Vermont de leur cor-
diale hospitalité.

Quand je rentrai à mon bureau, mes sommiers
dormaient encore, et je dus marcher sur la pointe
du pied pour ne pas les réveiller. Peut-être même
auraient-ils dormi jusqu'au jour du jugement dernier, si la voix vibrante d'un sous-inspecteur
n'était venue, comme la trompette de Jéricho,
secouer ces paresseux, et leur rappeler qu'à l'in-
verse de la fortune, ce n'est pas en dormant que
viennent les « découvertes ».

# UN BRACONNIER SANS LE SAVOIR [1]

Ce 20 septembre 189...

MON CHER ANATOLE,

Tu m'accuses de paresse, et tu as bien raison ; aussi, vais-je, cette fois, pour te dédommager, lâcher la bride à ma plume et la laisser courir tout à son aise. J'habite, ou plutôt je perche, par ordre administratif, à trois cents mètres audessus du Tarn, cette pittoresque et torrentueuse rivière qui s'honore de compter l'Aveyron parmi les départements qu'elle arrose.

(1) Absolument authentique ; aux personnes incrédules, je puis, du reste, indiquer des références sérieuses, entre autres, celles de M. R., ancien fondé de pouvoir à la Trésorerie générale de Chartres; M. D., actuellement percepteur à Dreux (Eure-et-Loir), et M. V., ancien contrôleur des contributions directes à Chartres, actuellement contrôleur principal à Bourges.

Ici, les passions humaines sont inconnues ; et l'air empoisonné des villes n'arrive pas jusqu'à moi ; encore un avancement de ce genre, et je n'aurai pas besoin d'attendre l'ouverture de la prochaine exposition pour voir la lune à un mètre. Mais, en revanche, le vent qui souffle à travers la montagne pourrait bien, un beau jour, emporter, sans crier : Gare ! le fonctionnaire et sa baraque. C'est la fin du monde, c'est le chaos ! Les rochers y sont entassés les uns sur les autres, comme Pélion sur Ossa ; et l'on accède à mon domicile par d'immenses marches de pierre qui semblent avoir été taillées dans le roc par les anciens Titans. Attends-toi donc de ma part à un style grandiose, et plein de l'élévation qui convient à pareille altitude. Je suis là comme l'aigle dans son aire, comme les hobereaux du moyen âge, qui ne descendaient dans la plaine que pour détrousser les passants. Heureuse époque ! Et combien je regrette de ne pouvoir utiliser pour mon compte une source de produits aussi fructueuse, et qui grossirait sensiblement les maigres remises qui me sont allouées par le fisc. Ah ! mon ami, quel étonnant pays que celui où je viens de planter ma tente ! Imagine-toi une contrée primitive, préhistorique, antédiluvienne, où la civilisation n'a pas plus pénétré que les rayons du soleil dans une forêt vierge, où le salaire des domestiques ne dépasse pas trente

francs par an, où le notaire soucieux d'augmenter
les produits d'une étude qu'il a payée quinze cents
francs garde les moutons en jouant du chalumeau,
où les chalets de nécessité publics et privés sont
inconnus, où enfin les eaux sales elles-mêmes se
déversent en cascades par les fenêtres sur le fumier des rues ! Très fréquentées les rues, par les
porcs surtout, « au respect que je vous dois ». Le
compagnon de saint Antoine est ici plus populaire
que les oies du Capitole ; non-seulement il protège
la morale et la vertu, puisqu'il préserve de la ten-
tation, mais encore il sauve son pays en le nourris-
sant ; on en fait ici une consommation effrayante,
et, nulle part, si ce n'est à Saint-Jean-Pied-de-
Port, je n'ai vu fabriquer le boudin sur une aussi
grande échelle. On déjeune, on dîne et on soupe
avec de la charcuterie ; et malgré tout le talent
des cuisinières à broder sur ce thème de brillantes
variations, les digestions sont souvent pénibles
pour ceux qui, comme moi, n'ont pas un estomac
d'autruche à leur disposition. J'ai pu cependant
ajouter un plat à cette cuisine peu variée, et fait
faire dans ce pays un pas immense à la civilisation ; c'est à moi, nouveau Christophe Colomb,
qu'ils doivent la découverte de l'écrevisse. Croirais-
tu que ces barbares, au lieu de recueillir précieuse-
ment ces crustacés si recherchés chez nous, et qui
se trouvent dans le Tarn par milliers, les écrasaient

comme des bêtes malfaisantes ! J'ai osé me présenter à un dîner avec un plein panier d'écrevisses. J'ai pris sur moi d'ordonner à la cuisinière de les mettre dans la poêle. « Et surtout, ma fille, eus-je soin d'ajouter, comme ce sont des bêtes très-pudibondes, évitez qu'elles rougissent ! » Ah ! mon cher Anatole, il fallait entendre les cris de paon poussés par cette malheureuse, en voyant ses bêtes changer de couleur ! Nous nous précipitâmes tous dans la cuisine, « *Bon Dious, mon enfant*, m'écriais-je, *qué fejès aqui!* Je vous l'avais pourtant bien dit : *boulès* pas qu'elles rougissent ! » — « Eh ! *Mossiou*, répondit-elle, affolée, *boulès* pas non plus ; bien sûr, *il y a lou diable dans nostre chaudronne !* » J'eus fort à faire pour déterminer la société à goûter à ce plat infernal. Le dénouement était facile à prévoir ; les écrevisses, convenablement salées et poivrées, furent déclarées excellentes et dépourvues de maléfices ; elles devinrent rapidement à la mode, et on en arriva même, chose grave, à les manger en cabinet particulier. Aussi, *Mossiou lou curate* de la paroisse, brave et excellent homme, mais un peu arriéré, déclara-t-il le plat immoral ! Il m'afficha en chaire, et tonna contre les écrevisses, comme il avait autrefois tonné contre la crinoline importée dans le pays par la femme d'un fonctionnaire. Peines perdues ! il prêchait dans le désert ! En dépit des flammes de l'enfer, la crinoline tint bon, et les écrevisses aussi.

Tu me demandes comment je passe mon temps dans ce pays si peu fin de siècle. En dehors du travail du bureau on peut, à son choix, cultiver le mûrier, élever des vers-à-soie, jouer aux boules et empailler le lézard. On peut encore entre temps, pendant la canicule, chasser la puce..... au marais, comme le canard ; c'est-à-dire que pour se débarrasser de ces animaux plus nombreux ici que les grains de sable de la mer, on en est réduit à travailler les jambes plongées dans un baquet plein d'eau.

Hélas ! c'est la seule chasse que j'ose aujourd'hui me permettre ! Une avalanche de calamités s'est abattue sur moi. Je suis montré au doigt par tous les chasseurs des environs, et passé à l'état de célébrité ; tout comme Guibollard, Gribouille et Calino ! Et ce n'est pas tout ; un mauvais vent est venu ternir ma réputation ; si bien qu'en dépit de mon innocence, j'en étais venu à m'illusionner moi-même, et que je n'osais plus me regarder dans une glace, de crainte d'y voir apparaître la figure d'un criminel. Oui, mon cher Anatole, dans ce brave et honnête pays, la naïveté atteint quelquefois des proportions colossales, au point de prendre des vessies pour des lanternes, et les fonctionnaires pour... ; mais n'anticipons pas.

Un propriétaire des environs m'avait invité à

faire chez lui l'ouverture de la chasse, — pour son malheur, hélas ! Tu connais mon adresse. Prudemment, j'avais refusé ; mais il insista tellement que je dus céder, sous peine de me montrer ridicule. Cet excellent homme poussa même l'exagération de l'hospitalité jusqu'à me fournir le chien et le fusil. *Phénomène,* c'était le nom du chien, arrêtait, paraît-il, dans la perfection ; au besoin, il eût, au dire de son maître, arrêté le soleil lui-même ; il n'avait, certes, pas volé sa réputation, car nous n'avions pas fait cinq cents pas que ce rival de Josué tombait en arrêt sur un magnifique lièvre. Un arrêt superbe ! on eût dit un chien des Pharaons monté en bronze ! Tu penses si j'étais ému ! — « Du calme, du sang-froid, me disais-je, me rappelant les prudentes recommandations des vieux chasseurs, et gardons-nous bien surtout d'envoyer dans le corps du prochain un plomb malencontreux. » J'interrogeai l'horizon ; personne en vue ? *Phénomène,* le lièvre et moi, nous étions seuls sous la calotte des cieux. « All rigt ! » allons-y gaiement ! et je lâchai mes deux coups de fusil. Ah ! mon ami, quel succès ! Rien ne bougea ; j'avais tout tué, tout massacré, tout mitraillé. Mon retour, contrairement à celui des généraux romains. n'eut pas les honneurs du triomphe, et l'hospitalité du propriétaire n'alla pas jusqu'à me féliciter quand je lui fis part du décès de son chien : et

quand je pris congé de lui, il n'insista pas pour me
retenir.

Triste, découragé, isolé, j'eus un instant l'idée
d'en finir avec la vie en utilisant une de mes cartouches. Mais je m'abstins prudemment dans la
crainte d'un nouveau coup double ; et j'allai demander à la solitude des grands bois les consolations dont j'avais besoin. J'aimais à m'égarer sous
les voûtes sombres des futaies, évoquant les sou-
venirs du passé et les fantômes disparus, et laissant
passer lièvres et lapins sans songer à les tirer. A
travers mon imagination surrexcitée, apparaissaient
tour à tour satyres et faunes, naïades et driades, et
parfois, comme une fantastique vision, la grande
ombre de Teutatès présidant à la cérémonie du gui
l'an neuf.

Un certain jour, je sortais du bois ; il faisait très
chaud, et j'en étais d'autant plus incommodé que
je venais de passer sans transition de la fraîcheur
ombreuse du taillis au soleil de la grande route ;
j'entrai dans une auberge pour me rafraîchir ; c'était
un dimanche et le cabaret était plein de monde. Je
fus, dès mon arrivée, l'objet d'une attention insolite ; l'hôtesse me lançait des regards qui n'auraient
pas manqué de m'impressionner, si elle eût été
jeune et jolie ; mais les soixante-cinq printemps
dont elle était affligée me laissaient froid à son
égard. Très intrigué, néanmoins, je lui en demandai

la cause. Après s'être fait beaucoup prier, elle consentit enfin à m'apprendre que j'avais été quelque temps sous le coup d'une accusation de braconnage, que j'avais eu un instant la gendarmerie à mes trousses et que peu s'en était fallu que l'on ne me mît la main au collet. Si quelqu'un fut étonné, ce fut moi. « Vous pensez bien, mon bon monsieur, ajouta la brave femme, que, pour mon compte, je n'ai jamais cru à toutes ces vilaines choses. » Puis, abusant de l'ahurissement dans lequel j'étais plongé, elle en profita pour renouveler ma consommation. Ce fut alors une promenade non interrompue des clients de la maison, qui jugeant l'occasion favorable, s'empressèrent de venir tour à tour me serrer la main, protester de leurs bonnes intentions à mon égard et finalement boire à ma santé. Quand vint le quart d'heure de Rabelais, je sus combien me coûtaient ces élans spontanés d'estime et de sympathie ; on boit bien dans l'Aveyron.

Si étrange que cela paraisse, la bonne femme avait dit vrai. Voici ce qui s'était passé. — Depuis quelques semaines, les forêts du voisinage étaient ravagées par un redoutable braconnier. Elles se dépeuplaient d'une façon effrayante, sans qu'on pût mettre la main sur celui qui posait les engins prohibés. C'était à croire qu'il avait passé à son doigt l'anneau de Gygès ; et les gardes y perdaient leur latin. Le curé lui-même avait bien voulu partir en guerre, et consentir à prêcher une croisade contre ce philistin. « Dieu le veut, mes amis ! » s'était-il écrié en terminant ; et l'éloquence de ce nouveau Pierre l'Ermite avait été si entraînante, que le brigadier de gendarmerie, le garde-champêtre et le garde particulier avaient formé immédiatement une triple-alliance. Le braconnier n'avait qu'à bien se tenir. Malheureusement la triple-alliance n'avait pas donné de résultats. Huit jours après, le brigadier n'avait encore attrapé, après une nuit passée à l'affût, qu'un rhume de cerveau épouvantable ; quant au garde-champêtre, il se contentait de faire des enquêtes chez les marchands de vin, et d'y prendre des plumets gigantesques ; son ambition n'allait pas plus loin. Comme ses deux collaborateurs, le garde particulier tout nouvellement arrivé dans le pays, déployait, lui aussi, une noble ardeur, non couronnée de succès. Godefroi, c'était son nom, surnommé « de Bouillon » en souvenir des croisades, et jaloux des exploits de son homonyme, brûlait de se signaler par un coup d'éclat ; il se jura de retrouver ce braconnier introuvable. Il était temps ; la population animale qui en était réduite à un vieux sanglier, qu'on avait appelé pour eette raison « le dernier des Mohicans », venait de perdre son dernier habitant tué par une balle inconnue. Gardes et gendarmes étaient dans

la consternation ; en revanche le bon public applaudissait ; Polichinelle rossant le commissaire a
toujours amusé les foules. Plein de zèle, mais légèrement idiot, Godefroi s'avisa de trouver mes promenades suspectes. Que venait donc faire en ses
domaines, avec un fusil sur l'épaule, cet homme au
teint blême, et, d'après lui, marquant mal ? Braconner, parbleu, ça ne fait pas de doute, se dit le
garde à part lui, dans son ardeur à trouver un coupable. De là à mettre sur mon compte la mort du
dernier des Mohicans, il n'y avait qu'un pas. Tout
fier de sa perspicacité, il s'empressa d'aller trouver
le brigadier. « Euréka ! » s'écria-t-il comme Archimède. « Qu'est-ce que c'est ? » répondit ce dernier
qui ne comprenait pas le grec. Maître Godefroi
s'expliqua.

Son éloquence fut sans doute persuasive, car,
quelques jours après, trois hommes cachés dans un
épais taillis, causaient à voix basse. L'un portait la
sardine blanche, l'autre le jaune baudrier, le troisième ne portait rien. C'étaient, tu le devines, le
brigadier, Pandore son subordonné et le garde
Godefroi. — « Votre homme tarde bien » disait le
brigadier. — « Patience, répondait le garde, c'est
son jour, c'est son heure ; attention, le voilà ; entendez-vous le bruit des feuilles sèches brisées
sous ses pas ? » « En dépit des apparences, ajoutat-il, j'ai tout lieu de croire que c'est un homme

dangereux. » — « Préparez les carabines », dit le brigadier ; et, dans le silence des bois, on entendit le bruit sec des fusils qu'on armait. Le moment était solennel, si solennel que le brigadier éternua. — « Dieu vous bénisse! » dit le garde ; quant à Pandore, l'émotion le suffoquait ; il s'oublia, et le soleil, tombant d'aplomb sur le bronze des carabines, en faisait jaillir des rayons obliques qui n'avaient rien de sympathique.

Le personnage suspect ne tarda pas à apparaître ; sa figure sèche et maigre ne trahissait pas la moindre préoccupation, et son fusil, négligeamment jeté en bandoulière, dénotait plutôt un rêveur qu'un homme disposé à chercher noise aux habitants de la forêt. Déjà le brigadier, la carabine au poing, s'élançait pour lui demander ses papiers, quand, après avoir considéré un instant les traits du nouvel arrivant, il se rejeta vivement en arrière, retenant avec peine un violent éclat de rire. Pandore l'imita. Dans la gendarmerie, chacun sait ça ; quand un gendarme rit, tous les gendarmes rient. Le personnage passé, ils se donnèrent libre carrière. « Triple buse ! dit le brigadier au garde, c'est l'homme au coup double, celui qui enregistre nos procès-verbaux, c'est le receveur de l'enregistrement lui-même que vous avez pris pour un braconnier ! »

Il fut heureux pour ton ami, mon cher Anatole,

que l'installation de la brigade dans le pays fût d'une date moins récente que celle du garde ; autrement mon tempérament poétique me conduisait tout droit à la maison d'arrêt. Bien entendu, personne ne souffla mot de l'aventure, dont je n'aurais jamais eu connaissance sans l'indiscrétion de cette brave aubergiste. Malgré tout, je ne répondrais pas que, dans le milieu crédule où je vis, ma réputation n'en ait légèrement souffert. Aussi, quand je quitterai la contrée, pourrai-je, avec quelque raison, dire comme les Hébreux : « *In exitu, Israel de Egypto, domus Jacob de populo barbaro.* »

Et cependant, j'emporterai de la beauté du paysage une impression profonde. Je reverrai fréquemment, par le souvenir, le soleil se coucher derrière les grandes cimes, et des hauteurs de la Cavalerès, l'ombre des nuits descendre dans les vallons. J'entendrai souvent bruire à mon oreille le souffle impétueux du mistral, se ruant du haut des Cévennes en violentes rafales, et le fracas des cailloux roulés par les eaux torrentueuses de la Jonte et du Tarn ; et, comme le Suisse exilé, j'aurai longtemps encore, j'en suis sûr, la nostalgie de la montagne.

# IMPRESSIONS DE VOYAGE

Ami lecteur, tu ne te doutes pas que celui qui t'écrit est en passe de s'immortaliser, qu'il est en train de marcher sur les traces des Regulus, Curtius, Decius, Mutius, et autres héros en « us »; et pour que ma mort soit digne de ma vie, et en même temps une mort à la mode, j'en serai certainement réduit à me faire sauter la cervelle d'un coup de dynamite, fulgurite, mélinite, ou de tout autre explosif en « ite ».

Je venais de doubler heureusement le cap toujours dangereux du baccalauréat; si en mathématiques je m'étais montré d'une faiblesse déplorable, en histoire, par contre, j'avais été superbe; j'étais tombé, il est vrai, sur un sujet toujours palpitant : la guerre de 1870; j'avais été d'un pathétique d'autant plus émouvant, qu'il était l'expression de mes propres sentiments, si bien que j'avais presque arraché des larmes à mes examinateurs, et que ces vieux pères conscrits m'avaient déclaré admis à l'unanimité. Pour me récompenser, mon père m'ouvrit sa bourse toute grande. « Pars, me dit-il, d'Altorf, les chemins sont ouverts. Commence par Saint-Malo, ajouta l'excellent homme qui était fanatique de Chateaubriand, et ne manque pas d'aller voir le tombeau du grand poète, à l'heure de la marée montante. » Je promis tout ce qu'on voulut ; n'ayant jamais quitté ma famille, je saisis avec empressement cette occasion inespérée de sortir de mon trou et de prendre mon essor ; et j'aurais poussé sans hésitation, si on l'eût exigé, jusque dans l'antique Carie, pour voir si la tombe du roi Mausole était toujours à sa place. Quant à ma mère, elle sanglota ; elle m'embrassa à plusienrs reprises, comme dut embrasser son fils, la mère du petit Savoyard, avant qu'il ne s'en allât en France ramoner les cheminées.

Le lendemain matin, à sept heures, je me rendis au bureau de la diligence qui devait m'emmener, moi et mes bagages. La voiture allait partir. « Dépêchons-nous, » cria le conducteur, en m'ouvrant la portière ! Je montai avec une telle précipitation, que le chapeau à haute forme, dont j'étais porteur, en subit les conséquences, et fut aplati comme une galette. « Les voyages forment la jeu-

nesse », avait dit mon père ; il aurait pu ajouter :
« et déforment les chapeaux. » Ce fut à mon entrée
une protestation générale ; l'intérieur était plus
qu'au complet ; et chacun s'empressa de montrer
les dents à l'intrus qui avait l'audace de monter,
lui onzième, dans un véhicule où l'on avait peine à
tenir huit. Quant au conducteur, impassible suivant
l'usage, il ferma la portière et se garda bien d'inter-
venir ; puis, indifférent aux clameurs, et me laissant
libre de mettre en pratique le proverbe : « Aide-toi,
le Ciel t'aidera », il retourna tranquillement à ses
chevaux. En présence du mauvais vouloir dont
j'étais l'objet, j'étais fort embarrassé pour me
trouver une place, quand la voiture s'ébranlant
tout à coup, me fit perdre l'équilibre, et m'évita
ainsi l'embarras du choix. Je fis deux culbutes
successives, la première sur l'abdomen d'un gros
monsieur, qui dépassait l'alignement, et qui rendit
un gémissement sourd, comme s'il eût été à musique, la seconde sur trois douzaines d'œufs qu'une
paysanne emportait au marché. Malgré tout mon
désir de me caser, ce n'était pas le cas de dire
comme Mac-Mahon à Malakoff : « J'y suis, j'y
reste. » Du coup, la glace fut rompue. Ce fut un
éclat de rire général dans le compartiment, à l'exception de la campagnarde qui voyait avec désespoir, comme Perrette, le produit de sa marchandise
s'en aller en fumée ; quant à moi, je riais... jaune.

Heureusement, ma voisine d'en face, une vieille
fille à la figure en écumoire, mais qui avait bon
cœur, voulut bien me prêter son mouchoir, pour
réparer autant que possible le désastre de ma
toilette. Vu la longueur du trajet, toute la société
fit la dinette. On déballa des caisses profondes,
des paniers mystérieux, véritables boîtes à surprises. Que va-t-il sortir de là-dedans, mon Dieu?
me demandais-je avec épouvante. Il en sortit
des tranches de melon, du saucisson à l'ail et
des fromages variés, dont l'odeur fut fatale aux
microbes qui flottaient dans l'air. On m'invita,
je refusai, alléguant avec raison que, lorsque
l'on vient de s'offrir une omelette de trois douzaines d'œufs, on n'a besoin de rien. Hélas! la
vieille demoiselle, à son tour, eut besoin de mes
soins; l'âcre parfum qui régnait dans l'étroit
espace où nous étions renfermés, la rendit malade; et il me fallut lui céder ma place près de
la fenêtre, mais ce n'était pas pour contempler le
paysage.

En descendant de voiture, je respirai avec autant
d'avidité qu'un plongeur qui remonte à la surface
de l'eau; puis, réfléchissant avec raison qu'un peu
de ventilation ne me ferait pas de mal, je résolus
de gagner l'hôtel à pied. J'arrivai à l'heure du
déjeuner; on était en pleine saison balnéaire.
Quand j'entrai dans la salle à manger, soixante

fourchettes de tout âge, de toute taille, de tout sexe, exécutaient une charge à fond de train contre soixante côtelettes récalcitrantes. Si terrible était le combat, que les conversations étaient suspendues. Vains efforts, hélas ! Aussi, lorsqu'à mon tour je m'attablai devant une soixante-et-unième côtelette qui, bien certainement, était de la famille, tous les regards se portèrent avec curiosité sur moi, pour voir comment j'allais m'en tirer Elle fit, honneur aux braves ! une résistance héroïque ; mais elle avait affaire à un homme qui jadis au lycée avait dompté les viandes les plus coriaces. La lutte fut courte, mais décisive ; la côtelette succomba. J'infligeai le même sort aux bifteacks qui suivirent ; ils étaient de bonne race cependant, car ils descendaient en droite ligne des sept vaches maigres que Pharaon vit en songe. Bref, je fis l'admiration de la société, qui déclara, à l'unanimité, qu'entre la mâchoire d'âne qui servit jadis à Samson et la mienne, il n'y avait pas de comparaison possib'e.

Le lendemain, pour me délasser des fatigues du voyage, je résolus d'aller prendre un bain ; l'eau froide étant contraire à mon tempérament, je descendis au salon de l'hôtel pour y demander l'adresse d'un établissement de bains chauds. N'y voyant personne, je posai le doigt sur un bouton électrique, et sonnai le garçon. Quel ne fut pas mon

étonnement de voir que, sans m'en douter, j'avais
imité le bon Dieu ; comme lui j'avais fait la lumière ; en plein jour, j'avais illuminé l'hôtel de haut
en bas à l'électricité, allumé trois cents lampes,
chassé l'obscurité de ses recoins les plus sombres ;
ce ne fut pas seulement un garçon, mais deux, trois
garçons, mais le personnel tout entier qui répondit
à mon appel, pressé de connaître la cause de cet
éclairage insolite. Je m'étais tout simplement
trompé de bouton. Grâce à cette erreur, j'eus
quinze personnes au moins pour me donner mon
renseignement, qui ne pouvait manquer d'être
exact.

Arrivé à l'établissement, je fus agréablement
surpris d'apprendre qu'il renfermait une piscine ;
j'allais donc pouvoir me livrer au plaisir de la nata-
tion. On m'introduisit dans un petit cabinet numé-
roté ; là, j'échangeai mes vêtements contre une
blouse et un pantalon tellement larges, que je dus
les assujettir fortement autour de ma taille par
une ceinture d'emprunt ; puis j'entrai dans la piscine, spécialement réservée aux hommes, et qui
pouvait avoir environ vingt mètres carrés de
superficie. Là, mollement étendu sur le dos, je
voguais lentement sur l'onde paisible et calme,
quand tout à coup ma tête se heurta à une masse
sombre qui faisait la planche. A son immobilité,
on l'eût prise volontiers pour un caïman de la

Louisiane faisant la sieste à fleur d'eau ; le choc
nous fit enfoncer tous les deux ; celui que j'avais
pris pour un caïman était un jeune homme de mon
âge, qui paraissait fort aimable. Nous sortîmes
ensemble de la piscine, après nous être débarrassés
de notre costume, que nous laissâmes au fond de
l'eau ; à peine étions-nous arrivés dans le couloir
qui se trouve en dehors, qu'un employé de l'établissement s'empressa de jeter sur les épaules de
mon compagnon une épaisse couverture pour le
garantir du froid et de le conduire à sa cabine.
Autour de moi, personne, hélas ! ne s'empressait.
C'est en vain que je faisais retentir les échos d'alentour de mes cris de détresse ! Le silence seul me
répondait. Ma situation était particulièrement critique et délicate ; le costume d'Adam, qui était le
mien, bon pour le paradis terrestre, était insuffisant pour me protéger contre la température am-
biante. Une minute longue comme un siècle se
passa ; je ne pouvais rentrer dans ma cabine, dont
la porte était fermée à clef. Enfin quelqu'un parut !
Je cours à lui comme à un sauveur : « Celui que
vous attendez est là, » me dit cet homme providen-
tiel, en me désignant une porte ; je me précipite à
l'endroit indiqué, déception amère ! Cette porte
ouvrait sur un placard pourvu de rayons, sur lesquels étaient rangées par ordre des fioles inconnues. En désespoir de cause, j'allais courir me

replonger dans l'élément liquide, quand l'employé arriva.

En rentrant à l'hôtel, j'y trouvai une lettre d'invitation pour une grande soirée dansante qui devait avoir lieu le jour même. Elle émanait d'un notaire du pays, connu de mon père, et que celui-ci avait prévenu de mon arrivée.

Fervent disciple de Terpsychore, cette occasion de montrer mes talents ne m'était pas désagréable. Malheureusement elle servit aussi à mettre en lumière ma gaucherie et ma maladresse. Ayant toujours habité la campagne, j'étais aussi ignorant des usages du monde qu'un paysan du Danube ; la carte d'invitation ne fixant pas d'heure, je crus faire largement les choses en n'arrivant qu'à huit. Bien entendu, je ne trouvai dans les salons déserts que les gens de service, lampistes, décorateurs, etc. ; cette promptitude me valut même l'humiliation d'être pris par ces derniers pour un garçon de café préposé au service des consommations et liquides ; peu à peu cependant les salles se remplirent, et le maître de la maison, que je n'avais pas osé faire déranger, apparut enfin. Si j'avais fait preuve de gaucherie en arrivant deux heures trop tôt, je fus encore plus maladroit en demandant à cet homme, que je n'avais jamais vu, des nouvelles de sa femme, qu'il avait perdue depuis dix ans. Médusé par sa réponse, qui m'apprit ma bévue, je m'empressai de me plonger dans la foule, où je disparus momentanément. Je n'en sortis qu'aux premières mesures de l'orchestre, et me précipitai vers les banquettes garnies de nombreuses et charmantes jeunes filles. Ces demoiselles avaient sans doute pris leurs précautions à l'avance, car leur carnet était déjà presque plein ; quelques-unes voulurent bien cependant consentir à m'inscrire, et j'obtins le numéro douze pour la valse, onze pour les lanciers et quatorze pour le quadrille américain, qui avait la vogue. Il y avait bien, parmi les danseuses, une espèce de tambour-major, une géante qu'on aurait pu montrer à la foire, mais autour de qui régnait la solitude, et dont l'accueil eût été probablement plus encourageant ; mais remuer une pareille masse eût été pour moi un véritable travail d'Hercule, et je ne m'en sentais ni le courage ni la force.

Dans ces conditions, il était plus que probable que je ne trouverais pas l'occasion de me dégourdir les jambes, quand la sœur du notaire, qui depuis le veuvage de ce dernier remplissait les fonctions de maîtresse de maison, me fit un signe ; je m'empressai d'accourir.

— Voyez-vous là-bas, me dit cette dame, cette grande, belle et forte jeune fille ?

C'était justement la femme colosse en question.

— Oh ! oui, madame, répondis-je, je la vois ;

soyez sans inquiétude à cet égard ; elle offre assez
de surface pour être aussi visible à l'œil nu qu'une
comète de première grandeur.

— Cette jeune demoiselle, continua la maîtresse
de la maison, a pour père un gros client de mon
frère, qui justement s'est rendu aujourd'hui, par
acte en l'étude, adjudicataire d'une importante propriété, et comme elle est étrangère au pays, j'ai
pensé...

— Que je serais assez aimable pour l'inviter,
ajoutais-je, sans lui donner le temps d'achever sa
phrase.

— Justement, me répondit-elle.

— Madame, dis-je en la saluant, vos désirs sont
des ordres, vous allez être satisfaite immédiatement.

Et, tout en pestant « in petto, » je mis le cap sur
la fille de l'acquéreur, fredonnant du bout des
dents une chanson de mon enfance, qui commence
par ces mots : « La tour, prends garde. » Je dansai
avec la tour, non pas seulement une fois, mais
deux fois, trois fois, toujours pour faire plaisir à
la maîtresse du logis ; à la fin, ma patience se
lassa ; je ne me sentais pas capable de pousser le
dévouement plus loin. Tant pis pour la fille de
l'acquéreur ! Que d'autres à leur tour se sacrifient !
Déjà, je secouais la poussière de mes souliers, et
je me préparais à quitter cette terre inhospitalière,

quand je me retournai brusquement ; quelqu'un venait de me frapper sur l'épaule.

— Quoi, c'est vous ! m'écriais-je.

Je venais de reconnaitre le jeune homme de la piscine, celui que j'avais pris pour un caïman ; c'était un garçon très original, plus qu'original même, excentrique. Il engagea immédiatement la conversation :

— Je m'appelle Oscar, et vous ?

— Alfred, répondis-je.

— Alfred de quoi ?

— Alfred de rien du tout.

— Etonnant, s'écria Oscar ! Ainsi, vous n'avez ni titres ni parchemins ; à votre air antique et moyen âge, j'aurais cru que vous descendiez des Croisades.

— Merci du compliment, dis-je en riant.

— Rassurez-vous, reprit Oscar, je n'en descends pas non plus ; mais si je n'ai pas l'honneur de compter Godefroi de Bouillon et Tancrède au nombre de mes aïeux, j'ai l'intime conviction de descendre en droite ligne, par les femmes, du pieux Énée qu'aima Didon, étant né à Marseille, autre-fois Marsala, fondée plusieurs siècles avant notre ère par une colonie de Troyens ; et que faites-vous ? ajouta-t-il.

— Rien pour le moment, répondis-je.

— Moi non plus, et je m'en félicite ; touchez là

nous sommes faits pour nous entendre, et il me tendit la main. Vous amusez-vous beaucoup ici? demanda Oscar.

— Si peu, lui dis-je, que j'allais partir, quand je vous ai rencontré; je viens de faire valser la colonne Vendôme, et lui désignant ma partenaire : Si le cœur vous en dit ?

— Le cœur ne m'en dit pas du tout, répondit Oscar; allons-nous-en.

Et nous sortîmes sans que personne manifestât le moindre regret de notre départ, à l'exception cependant de la fille de l'acquéreur, qui voyait avec désespoir disparaître son unique danseur, et me coula un regard de reproche qui en disait long.

Désormais inséparables, nous visitâmes de concert Saint-Malo et ses pittoresques environs; nous prenions plaisir à nous égarer dans ses rues étroites et tortueuses, où jadis les marins de Surcouf, les Flambards, comme on les appelait, se signalaient par leurs populaires excentricités, déménageant les maisons par les fenêtres, et faisant frire dans la poêle des piastres et des pièces de cent sous, qu'ils jetaient ensuite brûlantes à la foule ébahie. Nous contemplions avec respect ses vieilles maisons gothiques qui rappellent avec tant d'intensité les mœurs disparues. Nous visitâmes tour à tour Dinard, ce Trouville breton, Paramé,

Saint-Servan, et les bords de la Rance, chantés par Chateaubriand, et enfin Dol de Bretagne, ce pays granitique par excellence, où je constatai avec plaisir que c'était bien Riwa, chef des émigrants de la Grande-Bretagne, qui avait colonisé la ville en 513, fait dont j'avais toujours douté.

De Dol, nous nous rendîmes au Mont-Saint-Michel, pour y admirer le spectacle de la marée montante, arrivant, disent les guides, avec la rapidité d'un cheval au galop. C'est là qu'en visitant les sombres cachots qui servaient autrefois de prison d'État, le fantaisiste Oscar se fit enfermer pendant dix minutes dans le plus obscur de ces réduits, voulant, disait-il, éprouver par lui-même les angoisses des prisonniers, et passer par les émotions de Barbès, qui y fut incarcéré en 1848. Afin de lui donner plus de temps pour apprécier ses sensations, nous lui jouâmes la mauvaise plaisanterie de l'y laisser pendant une heure ; il la prit du bon côté, du reste, et parut même contrarié de sortir aussi vite, ayant déjà commencé, prétendait-il, à apprivoiser une araignée comme Pélisson, et à faire des préparatifs d'évasion comme Latude.

Le surlendemain, dans une rue de Saint-Malo, sur les dix heures du soir, deux jeunes gens cheminaient bras dessus, bras dessous avec un groupe de marins qui s'en allaient au large, pêcher la sardine au clair de lune ; ils marchaient gaiement,

riant, chantant, batifolant, répétant en chœur des
refrains variés :

> La Danaë sortit de Dunkerque, le soir
>            Par un temps noir,
> Et dès le point du jour, on cria du bossoir :
>       Au vent, deux voiles de guerre,
>       Deux frégates d'Angleterre,
>    Hissez le pavillon, dérapons, démarrons.
> Une bordée de mitraille a commencé la bataille.
>       Feu de babord et de tribord.

Et joignant l'action à la parole, les chanteurs,
tirant de leurs poches profondes de nombreux
quartiers de pommes, mitraillaient sans pitié vitres
et carreaux, et pochaient l'œil du bourgeois mala-
visé qui se hasardait à la fenêtre. Faut-il le dire ?
Les deux jeunes gens complices de cette aimable
plaisanterie n'étaient autres que l'intrépide Oscar,
et votre serviteur. Une nouvelle fantaisie avait
tout à coup germé dans le cerveau décidément très
fêlé de mon ami. Sous prétexte de faire des études
de mœurs, ne m'avait-il pas entraîné dans une
taverne de matelots, dont il avait conquis facilement les bonnes grâces en leur payant force tour-
nées ? et pour pousser l'étude encore plus loin,
n'avait-il pas, malgré moi, accepté leur invitation
d'aller passer avec eux une nuit en mer ! Plusieurs
bols de punch avaient du reste eu raison de ma
timide prudence, et j'étais maintenant, sous le rap-

port de l'entrain, au niveau de mon compagnon.
Nous affections en marchant les allures déhanchées
de nos camarades d'occasion ; nous ne jurions plus
que : Mille millions de sabords ! et : Tonnerre de
Brest ! Hélas ! la suite de cette équipée eut pour
nous des conséquences déplorables ; nous passâmes toute la nuit à fond de la cale, en proie à un
violent mal de mer ; en fait d'étude de mœurs,
nous pûmes étudier tout à notre aise celles des
sardines que les marins jetaient autour de nous, et
sur nous, au fur et à mesure qu'ils les pêchaient.

— Mais l'acte d'héroïsme annoncé, me diras-tu
ami lecteur !

— Patience, j'y arrive. Donc un soir, nous en-
trions dans une grande et superbe ménagerie, où
rien ne manquait, pas même l'Anglais fatal qui
vient là pour voir dévorer le dompteur. Au premier rang des spectateurs, se tenait droit et raide,
un homme grand et vigoureux ; ce n'était pas un
militaire ; il ne portait pas de casque à pointe ;
mais à l'orgueil et à la morgue peints sur son
visage, à sa barbe blonde, à son accent tudesque,
point n'était besoin d'être physionomiste pour
deviner qu'il appartenait à cette triste race de
conquérants qui, en 1870, s'étaient abattus sur la
France comme une volée de corbeaux. C'était en
effet un Allemand, et des pires, un Prussien de
Berlin ! A ce moment et, sans doute, pour donner

plus d'attrait à la représentation, Burnett, c'était
le nom du dompteur, invita gracieusement deux
amateurs à vouloir bien l'accompagner dans la
cage du lion et de la lionne. Personne ne souffla
mot ; le tête-à-tête proposé n'avait en effet rien de
bien séduisant. Alors, dans le silence général, une
voix s'éleva, claire et stridente :

— A défaut de Français, vous aurez au moins
un compagnon, Monsieur le Dompteur, dit ironi-
quement le Prussien en promenant autour de lui
un regard hautain et méprisant. Hourra pour
l'Allemagne ! Je prends le numéro un.

La chose devenait grave ; l'incident, qui en toute
autre circonstance eût passé inaperçu, prenait les
proportions d'un événement national ; la foule
attendait, anxieuse et frémissante ; elle n'attendit
pas longtemps.

— Et moi, je prends le numéro deux, Allemand
de malheur ! s'écria tout à coup Oscar d'une voix
vibrante qui résonna comme un clairon ; il ne sera
pas dit que, moi présent, dans le pays de Duguay-
Trouin et de Surcouf, la France comptera une
humiliation de plus.

La foule battit des mains.

— Et comme lorsqu'il y en a pour deux, il y en a
pour trois, ajouta Oscar, permettez-moi, Monsieur
le Dompteur, de vous présenter mon ami, qui
meurt d'envie de m'accompagner.

Et sans attendre ma réponse, qui bien certainement eût été négative, il me poussa brusquement
en avant.

— Bah, répondit Burnett, un de plus, un de
moins, qu'importe! on en sera quitte pour se serrer
un peu.

J'étais pris; pas moyen de reculer, sous peine de
passer pour un lâche! Oscar en avait usé avec
moi, comme Fernand Cortez avec son équipage;
il avait brûlé ses vaisseaux. Tout ce que je pus
faire, ce fut de garder extérieurement une allure
aussi crâne que possible; mais je n'en pensais pas
moins; et quand, d'un geste, Burnett nous eût
engagés à le suivre, je lui emboîtai le pas avec
autant d'entrain qu'Isaac marchant au sacrifice à
la suite d'Abraham; il me sembla, je ne sais pourquoi, que la contenance de l'Allemand paraissait à
ce moment moins assurée, et qu'il avait légèrement
pâli. Nous allions lentement, recueillant sur notre
passage des témoignages nombreux de sympathie
et de commisération. Chacun se découvrait devant
nous comme devant un enterrement qui passe, et
moi je saluais comme devaient saluer ces gladiateurs qui, avant de descendre dans l'arène, criaient
aux empereurs romains : « *Ave Cesar, morituri
te salutant.* » Seul, entre tous, l'Anglais avait sur
les lèvres un sourire féroce; à notre approche, il fit
claquer ses dents avec un bruit sinistre, comme

pour nous donner un avant-goût du sort qui nous attendait; j'en eus froid dans le dos. Puis, nous enfilâmes un sombre couloir qui nous dérobait à la vue du public; l'entrée des cages était par là. Ce ne fut qu'en tremblant que je m'engageai dans les coulisses de ce singulier théâtre, où le corps de ballet différait sensiblement de celui de l'Opéra, et où l'on risquait à chaque instant d'être dévoré par une étoile. On apercevait dans le fond une lueur rougeâtre, pareille à celle d'une locomotive, la nuit, dans le lointain : c'était le feu d'une forge, où l'on chauffait à blanc les barres de fer à bout pointu qui servent à protéger les dompteurs en cas de danger. Cette flamme quasi fantastique, les rugissements des fauves, qui sentaient notre approche et renâclaient sourdement sous les planches, leurs souffles puissants, faisaient de ce corridor un lieu sinistre. J'aurais, je l'avoue franchement, donné beaucoup pour me trouver sur l'impériale d'un omnibus, un jour de pluie. De pâle qu'il était, le Prussien était devenu vert. Arrivés à destination, nous entrâmes brusquement, sans frapper, comme de bons contribuables qui viennent payer l'impôt. Ah! mes amis, quel spectacle ! Jamais drame de la Porte-Saint-Martin ne me fit un effet pareil ! Brutus et Cora, debout sur leurs pattes de derrière, ouvraient des gueules grandes comme des fours. Cette réception n'avait rien de bien encourageant;

n'ayant pas, comme les premiers navigateurs, le
cœur cuirassé d'un triple airain, je me serais
volontiers contenté de déposer ma carte. Trop
tard ! Le dompteur avait déjà refermé la porte,
précaution éminemment utile pour la sûreté des
spectateurs, mais qui avait le grave inconvénient
de nous couper la retraite, en cas de danger ; j'eus
néanmoins la curiosité de me retourner pour voir
si le visage du Prussien avait emprunté à l'arc-en-
ciel une troisième couleur ; quel ne fut pas mon
étonnement de voir qu'il avait disparu ! Le cœur
lui avait manqué au dernier moment, et l'Allemand
avait filé à l'anglaise ; quant à Oscar, il n'avait pas
cessé de rouler des cigarettes avec une parfaite
tranquillité. En nous voyant seuls avec le dompteur, la foule comprit ; un immense cri de : Vive
la France ! éclata comme un tonnerre. Il ne se produisit pas d'incident fâcheux, et nous sortîmes de
la terrible cage aussi intacts que le prophète Daniel
de la fosse au lions.

Rentré à l'hôtel, je me couchai ; ma nuit fut très
agitée ; je rêvais que j'étais livré sans défense au
boa de la ménagerie, qui mit trois heures à
m'avaler ; et ce ne fut qu'à l'aube du jour que le
sommeil vint enfin fermer mes paupières.

Quant à Oscar, il quitta Saint-Malo le lendemain, rappelé subitement par sa famille ; en dépit
de la très grande sympathie qu'il m'inspirait, ce ne

fut pas sans un certain plaisir que j'appris son départ. J'ai toujours ignoré depuis ce qu'il était devenu.

Peu de temps après, fidèle à la promesse faite à mon père, je me rendis au Grand-Bé ; c'est là, sur une éminence, que se trouve le tombeau de Chateaubriand ; c'est là qu'à la marée montante les vagues de l'Océan viennent baigner les pieds du grand poète ; j'étais parti de bonne heure, à six heures du matin environ. Le soleil égayait ma route ; et ce ne fut pas trop de sa compagnie, et aussi de la vue splendide qui s'offrait à mes yeux, pour me faire supporter patiemment les quatre longues heures que mit la mer pour atteindre son maximum de hauteur ; je m'accordai alors cinq minutes de contemplation ; puis, consultant ma montre, qui marquait onze heures, l'heure du déjeuner, je pensai que s'il était convenable d'honorer les morts, il ne fallait pas, pour cette raison, oublier les vivants ; et je me retirai avec la double satisfaction du devoir accompli et celle non moins grande de remplir mon estomac, qui battait le rappel. Je descendais donc gaiement la pente de la montagne, fredonnant l'air connu de Désaugiers :

« Bon voyage, Monsieur du Mollet, »
« A Saint-Malo, débarquez sans naufrage »,

quand, arrivé au bas de la côte, je constatai avec

une douloureuse stupéfaction que quarante pieds
d'eau, au minimum, me barraient le passage.
J'avais oublié la marée montante ; comme apéritif,
c'était trop ; trop aussi pour ma taille, qui ne mesure qu'un mètre soixante-cinq centimètres ; peu
charmé de l'incident, je remontai mélancoliquement
au tombeau, qui malheureusement n'était pas un
hôtel ; je m'y trouvais là comme Robinson dans
son île. C'est alors que nécessité, qui est mère de
l'invention, me suggéra une idée ; je cherchai et
finis par trouver un bâton d'une longueur suffisante ; je le plantai dans le sol, et j'attachai mon
mouchoir au sommet. Ce signal, je le sus plus
tard, provoqua, paraît-il, dans Saint-Malo, une
certaine émotion ; les uns devinèrent juste, ce qui
n'était pas difficile ; d'autres, au contraire, à l'imagination ardente, émirent l'avis qu'il était l'indice
d'une manifestation légitimiste, et que le Grand-
Bé était tombé au pouvoir des blancs d'Espagne.
Quoi qu'il en soit, j'attendis assez longtemps, très
énervé, très agacé, avant qu'un bateau de secours
ne vînt me délivrer.

Mon aventure de la ménagerie m'avait valu dans
la ville une popularité flatteuse, mais gênante ; on
ne m'appelait que l'homme aux lions, l'homme à la
revanche, ou bien encore l'homme à la perche, en
souvenir du drapeau de détresse que j'avais arboré
au sommet du Grand-Bé. Je me décidai donc à

quitter le rocher d'Aaron sur lequel est bâti Saint-Malo ; je demandai mon compte au maître d'hôtel ; l'addition fut salée : quoi d'étonnant, dans un port de mer ! néanmoins, le chiffre dépassa tellement mes prévisions, que je soupçonnai fortement cet émule de Shylock d'avoir porté les émotions sur la note.

Où allais-je porter mes pas ? Prendrais-je le paquebot de Jersey ? Jersey ! la ville au printemps perpétuel, qui, avec sa ceinture de rochers, ressemble à un bouquet dans un vase ; Jersey, ce rendez-vous des mangeurs de grenouilles, de caissiers infidèles, de notaires banqueroutiers qui, à l'abri des lois anglaises, y vont mener joyeuse vie avec les économies du client ! Irais-je aux Grandes-Indes, en Amérique ? Ferais-je, moi aussi, ma trouée dans le continent noir, comme Binger, Trivier, Maistre et tant d'autres ? Peut-être, ami lecteur, te ferai-je connaître un jour la décision prise ! Je terminerai donc ici cette narration déjà trop longue, en te disant : « Au revoir ! »

# NOTICE SUR JANVILLE

J anville, petite ville de 1,300 habitants, est située à cinq kilomètres de Toury, station sur la ligne du chemin de fer de Paris à Orléans, à deux heures de Paris. La correspondance de Toury à Janville est assurée par une voiture qui va régulièrement six fois par jour à l'arrivée et au départ des trains ; on ne peut exiger davantage. Si j'ajoute que Janville est entouré de charmantes promenades qui lui donnent de loin l'aspect d'une oasis dans le désert, que ses rues sont pavées, qu'elle possède, grâce à l'intelligente initiative de M. Viollette, son maire actuel, une usine qui fournit l'eau à domicile, on conviendra que c'est une résidence agréable, et que beaucoup de chefs-lieux de canton lui sont inférieurs sous ce rapport.

Oui, mais voilà ! il y a le revers de la médaille.

Janville est malheureusement situé en pleine Beauce ; par combien de degrés de latitude nord et de longitude ouest ? Je ne vous le dirai pas. Le fait est que, dans cet océan de terre, plat, où les villages sont posés çà et là, comme des tasses de thé sur un plateau, une boussole ne serait pas de trop. La multitude de clochers qui émergent du sol comme les mâts d'un navire, sont souvent une cause d'erreur. J'en sais quelque chose ; car, un beau matin, il m'arriva de prendre le clocher de Neuvy pour celui de Trancrainville, et d'allonger ainsi ma promenade de huit kilomètres. Il en résulta, qu'au lieu de rentrer à onze heures pour déjeuner, je n'arrivai qu'à midi et demi, ce qui me valut une observation de la part de la maitresse de la maison, *placens et amabilis uxor,* mais qui ne plaisante pas sur le chapitre de l'exactitude.

Le pays ne prête guère à la poésie, bien qu'ayant donné naissance au fameux Colardeau, l'auteur de l'épître d'Héloïse à Abélard, héroïde très appréciée des connaisseurs, et qui, admis à l'Académie en 1776, mourut quelques jours avant son installation, et fut ainsi privé du plaisir de faire l'éloge de son prédécesseur. Si quelqu'un dut être étonné, ce jour-là, ce fut bien la prosaïque Beauce, d'avoir ainsi enfanté un pareil prodige. Le polythéisme grec aurait eu de la peine à s'y implanter ; et je ne vois guère que Cérès, déesse des moissons, qui s'y fût trouvée à sa place. Ce n'est pas non plus le pays des légendes. On n'y voit pas, comme dans la baie des Trépassés sur les confins du Finistère, les âmes des marins naufragés revenir la nuit, sous forme de feux follets, phares trompeurs, guides perfides des navires en détresse qui vont se briser sur les rochers de Penmarck ; on n'y verra jamais, au clair de la lune, la dame blanche d'Avenel, danser sur la bruyère ; on n'y verra pas davantage, comme au temps de Virgile, les bergers du pays chanter la muse silvestre, en jouant de la flûte, *sil vestrem tenui musam meditaris avenâ* ; mais on y voit du blé et de l'avoine, et le pratique Beauceron ne demande pas à changer.

Plusieurs écrivains ont, à tour de rôle, exercé sur la Beauce leur verve satirique.

Andrieux dit :

> Le triste pays que la Beauce,
> Car il ne baisse, ni ne hausse
> Et de six choses d'un grand prix
> Collines, fontaines, ombrages,
> Vendanges, bois et pâturages,
> En Beauce, il n'en manque que six.

C'est sans doute la traduction de cette vieille épigramme latine :

> *Belsia, triste solum, tibi desunt bis tria tantum*
> *Colles, prata, nemus, fontes, arbusta, racemus*

Et encore :

> Beausse pour vray, et païs bon et beau
> Tant seulement lui fait défaut feu et l'eau
> Le pain, le vin, la chair, le poisson,
> Prez, les pastils, le bois et le buisson,
> Fromage, fruict, femme, chemin passant,
> Au demeurant, tout pays surpassant.

Et enfin pour finir, une charmante lettre en vers que notre bon La Fontaine, se rendant de Paris en Limousin, écrivait à M<sup>me</sup> de La Fontaine :

> La Beauce avait jadis des monts en abondance,
> Comme le reste de la France.
> De quoi la ville d'Orléans
> Pleine de gens heureux, délicats, fainéants,
> Qui voulaient marcher à leur aise,
> Se plaignit et fit la mauvaise ;
> Et Messieurs les Orléanais
> Dirent au Sort, tous d'une voix :
> Une fois, deux fois et trois fois,
> Qu'il eût à leur ôter la peine,
> De monter, de descendre et remonter encore ;
> Quoi ! toujours mont, et jamais plaine !
> Faites-nous avoir triple haleine,
> Jambes de fer, naturel fort,
> Ou nous donnez une campagne.
> Qui n'ait plus ni mont ni montagne
> — Oh, oh ! repartit le Sort,
> Vous faites les mutins, et dans toutes les Gaules
> Je ne vois que vous seuls qui des monts vous plaignez.
> Puisqu'ils vous nuisent à vos pieds,

Vous les aurez sur vos épaules.
Lors, la Beauce de s'aplanir,
De s'égaler, de devenir
Un terrain uni comme une glace ;
Et bossus de naître en place,
Et monts de déloger des champs.
Tout ne put tenir sur les gens ;
Si bien que la troupe céleste,
Ne sachant que faire du reste,
S'en allait les placer dans le terroir voisin,
Lorsque Jupiter dit : Épargnons la Touraine
Et le Blaisois, car ce domaine
Doit être un jour à mon cousin ;
Mettons-les dans le Limousin.

L'origine de Janville n'a jamais pu être établie d'une façon précise ; et ce n'est certes pas moi qui comblerai la lacune. Néanmoins, les archives et les chartes du temps nous apprennent que Janville avait autrefois porté le nom de « Hiemivilla ». On serait tenté de conclure du rapprochement des deux noms, que la fondation de Janville pourrait bien remonter à l'époque païenne. Car si Hiemivilla veut dire ville de l'hiver, Janville ou Janvilla ne serait-il pas un souvenir de Janus à qui était consacré le mois de Janvier ! D'un autre côté, saint Altin, évêque d'Orléans, fit bâtir, dit-on, en 69, l'église Saint-Étienne de Jantienne de Janville. Lequel croire de saint Altin ou de Janus ! Me voilà aussi embarrassé que Pâris. Mais comme, après tout, les deux vénérables personnages sont moins agréables à contempler que les trois déesses, je laisse à de plus experts que moi le soin de chercher à qui décerner la pomme.

L'histoire de Janville n'est pas moins obscure. Il n'y aurait rien d'étonnant, cependant, qu'à la chute de la domination romaine, et à l'époque où Orléans fut pillé et saccagé par les Huns en 451, plus tard par les Goths et les Visigoths, et en 865 par les Normands, messieurs les Barbares n'aient poussé une pointe jusqu'à Janville, laissant, comme vestiges de leur passage, la ruine et l'incendie. Ces traces, le temps les a effacées ; est-ce à dire qu'il n'en reste pas d'autres ! On serait tenté de penser le contraire, car on rencontre parfois des types étranges, qui ne rappellent en rien les traits des races romaine, gauloise et franque ; et si je me trouve en face de l'un deux, mon imagination, se reportant en arrière et évoquant le passé, fait revivre le souvenir des descendants d'Alaric ; et mes lèvres se prennent à murmurer tout bas: « Les Visigoths ont passé par là. »

Ce ne fut, en réalité, qu'au commencement du douzième siècle que Janville, jusque-là complètement éclipsé, commença à sortir un peu de la pénombre. Mal lui en prit, car il ne tarda pas à recevoir la visite de son terrible voisin, le seigneur du Puiset, qui le guettait au passage comme le chat guette la souris, et ne le quitta qu'après avoir bien dépouillé, sucé et saigné les habitants, ainsi que fait une belette dans un poulailler.

Le Puiset, commune du canton de Janville, n'est situé qu'à 1,500 mètres du chef-lieu ; on ne peut donc, en raison de cette proximité, faire l'histoire d'un pays sans faire celle de l'autre. Nous ne nous écarterons pas de notre sujet en racontant rapidement les guerres soutenues de 1108 à 1118 par Hugues le Beau, comte du Puiset, contre le roi de France Louis VI, dit le Gros, dit l'Éveillé, dit le Batailleur.

La fondation du Puiset remonte au X$^e$ siècle, s'il faut en croire une légende transmise par la tradition. Une légende ! C'est une aubaine trop rare, dans le pays de Beauce, pour la passer sous silence. La voici d'après la chronique de l'époque. En ce temps-là, Berthe, femme de Eudes I$^{er}$, comte de Chartres, se rendait à Pithiviers. Qu'allait faire à Pithiviers cette belle et jeune comtesse ? La chronique n'en parle pas ; soyons aussi discret que la chronique : son page Gerbert l'accompagnait. Tous deux, montés sur des palefrois blancs comme neige, cheminaient en silence, et paraissaient absorbés dans une profonde rêverie. Mais si la comtesse n'avait à rougir en rien des pensées qui l'occupaient, il n'en était pas de même de Gerbert. L'ange gardien et l'esprit malin se disputaient l'âme du malheureux page. Faut-il le dire ! Il avait conçu pour celle qu'il accompagnait des désirs coupables. Il avait beau réciter mentalement maints *Pater* et *Ave*, se signer fréquemment, invoquer saint Martin et saint Denis, rien n'y faisait. Le diable gagnait du terrain, si bien qu'à un moment la vertu eut le dessous, et que Gerbert, éperdu, se mit à débiter à sa compagne des discours incendiaires. Le ciel vint en aide à l'infortunée comtesse. Une tempête effroyable se déclara. Le tonnerre gronda, de nombreux éclairs sillonnèrent la nue, et la pluie se mit à ruisseler par torrents. « C'est votre témérité, dit Berthe à Gerbert, qui attire sur nous la vengeance de Dieu, qu'allons-nous devenir? » A ce moment, un vénérable ermite, portant une croix d'aubépine noircie par le feu, leur apparut. Il guida jusqu'à son ermitage les voyageurs égarés. Gerbert suivait, contrit et repentant. Pour récompenser le saint homme de son hospitalité, la comtesse érigea l'ermitage en abbaye. Sur l'ordre de Berthe, le coupable Gerbert dut prononcer des vœux de chasteté, et prendre l'habit monastique. Le régime cellulaire lui fut du reste favorable ; à l'abri des passions, derrière les murs du cloître, il devint gros et gras, et obtint dans cette nouvelle carrière un avancement rapide, car il passa de l'abbaye du Puiset à l'archevêché de Reims, et devint plus tard pape sous le nom de

Sylvestre II. Au commencement du XII<sup>e</sup> siècle, l'autorité royale était complètement méconnue par les seigneurs féodaux, qui, pour la plupart, traitaient la France en pays conquis. Hugues le Beau, seigneur du Puiset, se faisait remarquer entre tous parmi ces hobereaux bardés de fer qui mettaient le pays à feu et à sang. Sa réputation à cet égard était des plus honorables. Nul mieux que lui ne s'entendait à ravager les basses-cours et à emporter les récoltes. Pour faire taire les mécontents, il avait un moyen bien simple : il les faisait jeter aux oubliettes. Cet état de choses devait enfin avoir un terme. Guillaume le Roux, duc de Normandie et roi d'Angleterre, venait de mourir, laissant pour lui succéder Henri I<sup>er</sup>, son frère. Français et Anglais vivaient toujours, suivant l'usage, comme chien et chat. Pour ne pas changer les bonnes habitudes, Henri I<sup>er</sup> n'eut rien de plus pressé que de recommencer les hostilités avec la France. Il trouva, sous ce rapport, un louable et sympathique empressement dans le roi Louis VI, que l'on devait plus tard surnommer le Batailleur.

Après avoir guerroyé plusieurs mois, sans qu'aucun avantage décisif eût été remporté de part et d'autre, les deux monarques, lassés, résolurent de signer la paix. Suger, l'habile ministre de Louis VI, le futur restaurateur de l'agriculture et des franchises municipales, le digne précurseur des Colbert et des Sully, fut chargé des négociations. Il s'acquitta de cette mission délicate avec un tel talent, que le roi enchanté le nomma prévôt de Toury. La chronique du temps nous transmet à ce sujet quelques plaisants détails. Suger, ravi de sa nomination, n'eut rien de plus pressé que d'aller visiter sa nouvelle propriété, qui comprenait les deux belles métairies de Monnerville et de Toury, et dont le roi lui avait fait le plus pompeux éloge. Il supputait, chemin faisant, ses gros revenus, et en réglait d'avance l'emploi. Il bâtissait des châteaux en Espagne, abolissant la misère sur ses domaines, fondant des prix de vertu, couronnant des rosières, etc., et ce fut bercé par des idées riantes, voyant déjà ses fidèles vassaux venir en habits de fête lui souhaiter la bienvenue, qu'il accomplit son voyage. Une déception cruelle l'attendait : à la place des vassaux en habits de fête, de l'abondance et de la prospérité qu'il pensait y rencontrer, il ne trouva que visage de bois, et pas même la clé sous la porte. Partout la ruine et la solitude ! plus de grain dans les granges, plus de troupeaux dans les étables, plus de pain dans la huche, plus de vin dans la cave ! Les seigneurs de Méréville et du Puiset avaient passé par là ; et ce ne fut qu'à la rencontre inespérée d'un canard malade de la poitrine, et qui n'attendait plus pour mourir que la chute des feuilles, que Suger dût de ne pas mourir de faim.

A cette journée d'angoisses succéda une nuit d'insomnie. Se fondant sur une charte de l'abbaye de Saint-Denis qui avait érigé Toury en lieu de refuge et d'asile pour les voyageurs égarés, toute la nuit, malandrins, galvaudeux se disant bonnes et honnestes gens, vinrent faire le sabbat à la porte de l'infortuné prévôt, qui fut obligé de remplir jusqu'au lever du jour l'office de frère portier. Cette fois Suger perdit patience. Si philosophe et si cuirassé qu'il fut contre l'adversité, il n'atteignait pas encore à la hauteur du saint homme Job. Il envoya, avec une lettre fortement motivée, sa démission au roi. Les lamentations de ce nouveau Jérémie amusèrent, dit-on, beaucoup Louis VI. Il n'accepta pas la démission de Suger, mais lui promit en revanche d'infliger à bref délai aux auteurs de tous ces désastres le châtiment qu'ils avaient si bien mérité ; tâche peu commode à exécuter ! le roi ne tarda pas à en faire l'expérience, quand il se présenta devant la forteresse du Puiset ; car ce ne fut qu'après trois sièges successifs que le comte Hugues fut contraint à déserter la lutte. Sa défense avait été telle que, pendant le troisième siège, l'armée royale battue allait abandonner la partie, quand un nouveau combattant, intervenant d'une façon tout à fait inattendue, ramena la victoire du côté du roi. Le curé de Guilleville, dont l'histoire n'a pas conservé le nom, et qui, à en juger par sa mine fleurie et sa

teinte rubiconde, ne devait pas être très familier
avec le régime des pois chiches et des lentilles, ce
digne émule du frère Turck, ce chapelain des Ou-
tlaw, qui, à table tenait si brillamment tête au
robuste Richard Cœur-de-Lion, entra en lice à son
tour. Il avait voué au seigneur du Puiset, qui lui
avait enlevé ses plus belles volailles, la plus terrible des rancunes. Le souvenir des canards et des
poulets qu'il n'avait pas mangés, lui pesait sur
l'estomac, et avait fini par lui monter au cerveau ;
tête nue, sans armes, une pièce de bois à la main,
il s'élance intrépidement à l'assaut, et, avec cette
baliste d'un nouveau genre, il frappe à coups redou-
blés sur la palissade qu'il parvient à briser. Là,
aussi calme que s'il eût été dans sa chaire à prêcher, ce représentant de l'église militante débita
aux combattants des deux partis une homélie en
trois points, aussi brève qu'énergique. Il termina
en bénissant les assiégeants, et en appelant au
contraire la malédiction du ciel sur les pillards qui
désolaient le beau pays de France, en général, et
sur les ravageurs de basse-cour en particulier.
Electrisés par cet acte de courage, chevaliers et
soldats partent à la rescousse au cri de : Montjoie et
Saint-Denis! pénètrent par la brèche, et s'emparent
du château. Le comte Hugues parvint à s'échapper,
et mourut en Palestine où il s'était réfugié. La forteresse du Puiset fut démolie et rasée. Il n'en reste

aujourd'hui que des ruines et un tronçon de tour.
Pour rendre l'impression qu'on ne peut s'empê-
cher de ressentir, à la vue de ces derniers vestiges
d'une époque où le sang et l'orgie avaient marqué
leur empreinte à chaque page, je ne puis mieux
faire que de retracer les lignes suivantes dont l'auteur m'est inconnu :

« Elle est bien basse cette tour, bien rasée, tant de
fois elle le fut par les seigneurs rois de France. Elle
est bien complètement et à jamais détruite ; mais,
quand le soir, après avoir traversé les villages de
pierre qui sont à l'entour, vous arrivez sur ce
tertre morne et sombre, et que vous vous trouvez
face à face avec ces débris de géant qui n'a plus
qu'un pied, il vous semble qu'un grand fantôme
noir plane encore sur ces ruines, et il vous prend
un serrement de cœur involontaire ; car vous vous
souvenez de ce cri de détresse qui retentit si
souvent : « Manants, Dieu vous garde du comte
« Hugues. »

Instruit par l'expérience, Louis VI fit fortifier
Janville, pour le mettre à l'abri d'une nouvelle
agression des seigneurs du Puiset. De larges fossés garnis de tours furent creusés. Quatre portes,
avec ponts-levis, furent construites : la porte
d'Etampes, la porte d'Orléans, la porte de Toury,
et la porte du Puiset.

Mais, de même que les forêts manquent à la

plaine, ces fossés sont sans eau, et ces ponts sans
rivières. On n'y voit ni sources, ni fontaines, partant ni nymphes, ni naïades. Le puits de la con-
cession, quelques puits particuliers, quelques mares
avec des grenouilles dedans, qui, les soirs de beau
temps, exécutent une symphonie pastorale n'ayant
rien de commun avec celle de Beethoven, consti-
tuent seuls le système hydrographique de Janville.
Aussi peut on dire avec juste raison, que l'on s'y
brûle la cervelle, que l'on s'y pend, que l'on s'y
suicide en un mot comme ailleurs, mais qu'on ne
s'y noie jamais. La population ne paraît pas plus
souffrir de cette absence d'eau courante que si elle
était atteinte d'hydrophobie. J'irai même jusqu'à
dire qu'un certain nombre d'habitants paraissent
éprouver pour ce liquide une répulsion regrettable,
et ce ne sont jamais les Beaucerons qui auraient
trouvé le principe d'Archimède, en plongeant leur
corps dans l'eau. « Comment se fait-il, demandai-je
un jour au maire de la commune, que votre société
des eaux, qui possède une machine à vapeur, n'ait
pas songé à installer une salle de bains ? — Partout
ailleurs, me répondit-il, cette idée serait réalisable.
Mais, nous sommes en Beauce ; je connais mes
administrés ; la compagnie y perdrait son temps et
son argent. »

Après les guerres du Puiset, Janville devint résidence royale, car une charte de 1141, porte

qu'Evrard, vicomte du Puiset, fut débouté de ses droits sur la terre de Cormainville, appartenant à l'abbaye de Bonneval. Au bas sont écrits les mots : *Datum apud Janvillam, in palatio nostro*, puis Janville retombe dans l'obscurité jusqu'à la guerre' de Cent ans. Elle en sort avec le comte de Salisbury, général anglais, qui s'en empare en 1428. Un an plus tard, Jeanne d'Arc, ayant battu les Anglais dans les plaines de Patay et fait lever le siège d'Orléans, les habitants chassent leur garnison, et ouvrent leur porte au duc d'Alençon. En 1589, pendant les guerres de la Ligue, elle est assiégée et prise par Henri IV.

Maintenant, ami lecteur, vous connaissez sans doute ce qu'on appelle le tour du propriétaire, qui, enchanté de faire visiter à ses amis la nouvelle maison qu'il habite, ne leur fait grâce d'aucun détail, et les fait monter et descendre de la cave au grenier et du grenier à la cave, en passant par le rez-de-chaussée et les étages supérieurs. Ne voulant pas rendre plus désagréable encore la corvée déjà très fatigante de lire cette notice jusqu'au bout, je vous épargnerai une pareille farandole ; et je me contenterai de vous conduire le plus rapidement possible à travers les principaux monuments du pays.

Je citerai d'abord l'ancien château transformé en hospice. Edifié sur un tertre élevé, restauré et embelli par la supérieure, M^{me} de Saint-Guilhem, en religion sœur Saint-Henri, de l'ordre de la Présentation de Tours, décédée récemment, regrettée et pleurée par tous, car sa charité était inépuisable ; la façade, précédée d'un vaste et beau jardin orné d'une grille monumentale, en rend l'aspect des plus agréables. Au milieu de la verte pelouse qui descend en pente jusqu'à la grille, se trouve un piédestal supportant une statue de Jeanne d'Arc en bronze, qui est une copie de celle de la princesse Marie. Ce monument a été érigé à la libératrice de la France, par M^{me} de Saint-Guilhem, en mémoire de la victoire de Patay, qui avait eu pour conséquence la délivrance de Janville. Cette inauguration fut l'objet d'une imposante cérémonie qui eut lieu le 23 mai 1886, à l'occasion du Comice agricole. Le vieux château avait abrité autrefois des institutions judiciaires. Il s'y tenait, du temps de la première et de la seconde race, des assises présidées par des juges délégués par le roi : *Missi dominici.*

Janville s'appelait aussi Janville-au-Sel. Pourquoi, direz-vous ? Y avait-il donc à l'époque des gisements de sel dans les environs ? Non. Est-ce que certains voyageurs, trouvant la note du maître-d'hôtel trop salée, l'auraient appelée ainsi par vengeance ? Vous n'y êtes pas. Une ordonnance de 1680 avait divisé la France en pays de grande et

petite gabelle, pays de quart bouillon et de franc
salé. Janville fit partie de la province d'Orléans
comprise dans les pays de grande gabelle. Il eut
ainsi l'avantage de payer le maximum de l'impôt ;
mais, en revanche, on lui concéda l'honneur de
posséder un entrepôt de sel. On voit encore, rue de
Toury, une vieille grange qui servait autrefois, de
dépôt. Il n'y a pas de doute à avoir à cet égard.
Les murs, et même ceux des maisons voisines,
sont encore salpêtrés à outrance. Cette abondance
de salpêtre ne paraît pas avoir influé sur le caractère des habitants, qui n'a rien de commnn avec la
poudre.

La chapelle de l'ancien Hôtel-Dieu, entièrement
restaurée par les soins de la même supérieure, est
très intéressante à visiter, on y voit de magnifiques
verrières exécutées par Lorin, et plusieurs beaux
tableaux dont l'un représente l'*Attaque du bois de
Loigny par les zouaves de Charrette, le 2 décembre 1870*.

N'oublions pas la tour de Janville. Cette tour,
haute de trente mètres, pareille à un phare gigantesque qu'on aperçoit de plusieurs lieues à la ronde,
a dû servir plus d'une fois à remettre dans le bon
chemin le voyageur égaré. C'est l'orgueil du pays.
L'édification de la tour Eiffel est venue rabattre un
peu, à ce sujet, l'amour-propre des habitants, qui
n'ont pas encore pardonné à l'illustre ingénieur le

tour qu'il leur a joué en en construisant une dix
fois plus élevée.

Je crois qu'il est grand temps de dire quelques
mots du bureau ; autrement, le lecteur lassé pourrait bien arrêter ici sa lecture, en quoi il n'aurait
peut-être pas tort.

Le canton, qui comprend 22 communes et
11,000 habitants en chiffres ronds, occupe une
étendue de 28,000 hectares d'un revenu moyen de
60 fr. et d'une valeur vénale de 1,500. Il y a dix
ans, ces chiffres étaient plus élevés d'un quart.
Les mauvaises récoltes, et surtout les quantités
énormes de blé que l'étranger jette chaque année
sur nos marchés, ont causé cette dépréciation.

Un vent de tristesse souffle sur la Beauce, cet
immense grenier de la France. On ne voit plus,
comme autrefois, les gros cultivateurs arrivant au
marché avec des voitures fraîchement peintes, et
faisant claquer leur fouet avec l'aplomb et l'assu-
rance de gens qui se sentent le gousset bien garni.
Le fermier d'aujourd'hui réduit ses dépenses, ne
fait plus claquer son fouet, et peint sa voiture lui-
même, par économie. « Quand le bâtiment va, tout
va, » disent les ouvriers en bâtiment. En Beauce,
quand l'agriculture végète, tout tombe dans le
marasme. C'est la mère nourricière du pays. De
même que pour les cultivateurs, la réduction des
dépenses et l'économie sont de plus en plus à

l'ordre du jour, et l'équilibre du budget devient pour beaucoup un problème presque aussi difficile à résoudre que la quadrature du cercle. « Maître Harpagon, disent les gourmets, préside maintenant à l'organisation des repas. On se reçoit de plus en plus sans cérémonie. On diminue le nombre des entrées et sorties, et chaque convive n'a plus droit qu'à deux verres. »

Quant à moi, peu m'importe le nombre de plats qui garnissent une table. *Au banquet de la vie, infortuné convive*, comme dit Gilbert, j'y mange pour vivre et non pour manger : atteint, suivant un médecin, d'une dilatation de l'estomac ; suivant un autre, d'une tuméfaction du foie, et, d'après un troisième, d'une gastro-entérite, je suis condamné à perpétuité à un régime d'abstinence, et je plane au-dessus de ces épicuriens avec toute la supériorité de l'esprit sur la matière.

Tout naturellement, le commerce ne bat que d'une aile ; les grands magasins lui font une concurrence redoutable ; et s'il est vrai qu'un syndicat agricole soit en train de se fonder, et que sa principale mission ait pour objet de fournir aux agriculteurs, non seulement les engrais, mais encore les denrées de toute espèce dont ils peuvent avoir besoin, c'est la ruine du commerce local à bref délai ; si le chemin de fer dont il est question, et qui doit relier Chartres à Pithiviers, en passant

par Janville, ne vient pas galvaniser ce malheureux
pays, en y amenant la création de quelques indus-
tries, si les cours du blé ne remontent pas à un
taux rémunérateur pour le fermier, le rêve caressé
par tant de propriétaires, heureux d'assurer à leurs
capitaux un placement solide et lucratif en même
temps : « Avoir une ferme en Beauce, » ne sera pas
près de se réaliser.

En résumé, la résidence est agréable. Si parfois
le Receveur éprouve quelque fatigue de l'étude
absorbante des questions fiscales, la proximité de
Paris lui offre un dérivatif qui ne manque jamais
son effet. Une soirée à la Comédie-Française ou
dans un théâtre lyrique le délassent agréablement
de la lecture très intéressante certainement, mais
souvent pénible, de ces livres volumineux où la
jurisprudence s'égare dans de nombreux dédales, et
où, en dépit des tables et des annotations pério-
diques, le fil d'Ariane n'est pas toujours commode
à trouver.

Aux disciples de Saint Hubert, la plaine offre
encore une ressource précieuse : les ouvertures y
jouissaient autrefois d'une réputation méritée.
Aujourd'hui, le gibier est devenu plus rare. Faut-il
en attribuer la cause, d'après les dires du Beauceron, à la passion toujours croissante de la chasse,
qui fait chaque année de nouveaux prosélytes ?
Non. Au braconnage, au colletage, au panneautage ?

Pas davantage. C'est au chasseur étranger, au Parisien principalement, qu'il s'en prend. Le Parisien ! *Ecce homo !* voilà l'auteur de tout le mal, c'est la bête noire du pays ; et l'on prend contre lui des précautions de plus en plus formidables. J'ai beau prêcher aux habitants la charité et la concorde. J'ai beau leur dire : « Le Parisien vous en impose par sa belle tenue. Il est supérieurement équipé et outillé ! cela est vrai. Il possède un fusil Choke-Bored à percussion centrale, c'est encore vrai ; malgré tout, c'est en général un médiocre tireur, qui ne tue pas grand'chose, mais, en revanche, fait de la dépense dans le pays, et pour ne pas rentrer bredouille, paie toujours sans marchander le gibier qu'il n'a pas abattu. » On ne m'écoute même pas ; et cependant j'ai l'honneur de connaître le plus célèbre braconnier du pays, M. Ventre-à-Terre, ainsi nommé, à cause de la rapidité de ses mouvements.

M. Ventre-à-Terre ne se fait pas habiller à la Belle-Jardinière ; il n'a pas de fusil à percussion centrale ; mais il démolit à volonté, cailles, perdereaux et lièvres. On peut s'adresser à lui en toute confiance, et à toute époque de l'année, aussi bien pendant la chasse qu'après la fermeture. Ventre-à-Terre, lui, ne ferme jamais.

J'ajouterai qu'il est très facile au fonctionnaire de vivre toujours dans de bons termes avec la popu-

lation, dont le bons sens et la franchise tempèrent
suffisamment l'amour-propre quelquefois excessif.
Peut-être pourra-t-il taxer le Beauceron d'indiffé-
rence. Il n'est pas rare cependant de voir s'y éta-
blir des relations sûres avec les gens du pays.
Nous en savons quelque chose pour notre part; et
si plus tard nous quittons sans regret la plaine de
Janville, complètement dépourvue de ces deux
grandes attractions de la nature, l'eau et les bois,
nous emporterons certainement avec nous le souvenir toujours vivace des amitiés durables que
nous y avons contractées. Néanmoins, je n'en,
dirai jamais ce que les Italiens disent de Naples:
*Vedere Napoli, e poi mori;* à moins que... (voir la
lettre de La Fontaine, page 124) les Orléanais, de
nouveau mécontents, n'adressent au Sort une
seconde requête, et que le prodige déjà accompli
ne se renouvelle encore, mais à rebours.

On verrait alors les bossus redevenir droits, la
plaine se relever en montagne, la verdure et les arbres
couronner les coteaux, les ruisseaux courir en
murmurant à travers la prairie, et le paysage triste
et monotone que nous contemplons aujourd'hui,
remplacé par les sites les plus riants d'une nouvelle et séduisante Arcadie.

# L'ÉTRANGER

J'APPARTENAIS alors à la première de nos régies financières, l'Administration de l'Enregistrement et des Domaines. Aucun doute n'existe à cet égard ; mais je n'en étais pas plus fier pour ça. L'honneur et l'argent, malheureusement, ne vont pas toujours de compagnie ; je vivotais bien juste avec mon traitement de Receveur de sixième classe ; et il m'arrivait souvent d'envier le sort de ce rat de La Fontaine, qui, sans rien faire de ses quatre pattes, sans soucis, gros et gras, filait des jours de soie et d'or dans son fromage de Hollande. Néanmoins, pour être juste, j'avouerai que mes occupations me laissaient quelques loisirs, que j'employais non pas, comme on pourrait le croire, à la répression de la fraude et à ces découvertes si chères à l'Administration, mais à des parties de boules interminables et à des pro-

menades variées à travers la campagne monta-
gneuse, boisée et accentuée des Hautes-Alpes.
Très amoureux de la nature, je me plaisais à errer
dans les forêts solitaires, admirant Dieu dans ses
œuvres, et surtout, disons-le, dans ses créatures,
et cherchant dans les allées ombreuses et sous le
couvert du bocage, si je n'y rencontrerais pas par
hasard cette belle Amaryllis dont le berger Tityre
aimait tant à redire le nom aux échos d'alentour.

C'était un dimanche matin. Les premiers rayons
d'un soleil printanier dardant sur ma couchette, à
travers une fenêtre dépourvue de rideaux, semblaient me dire si clairement : « Paresseux, veux-
tu bien ne plus dormir ! » que, sensible au reproche,
je sautai d'un bond sur une vieille toile à emballer
le papier timbré, qui me servait de descente de lit ;
et, à défaut des eaux du Gange ou de l'Hongly
pour y faire mes ablutions matinales, comme les
Indiens de Calcutta et de Chandernagor, je plon-
geai ma tête dans une modeste cuvette. Cette
besogne lestement faite, je commençai ma carrière,
non pas en débouchant mes tonneaux, comme le
poète-menuisier Adam Billaut, mais en m'essayant,
comme d'habitude, à mon piano, et en m'efforçant
de tirer de cet instrument légèrement asthmatique
des sons aussi mélodieux que possible ; et là, le
regard perdu dans le vague, je me mis à improviser
un hymne à la nature. Il y avait de tout dans cet

essai impromptu. On entendait les moutons bêler,
les taureaux mugir, le crapaud lancer sa note cris-
talline, et le chant mélancolique des bergers. Ça ne
valait certes pas la symphonie pastorale de Beethoven ; mais l'auteur était satisfait. Malheureusement pour les dilettanti, j'ai oublié de noter cette
mélodie. Je m'arrêtai enfin, à court d'inspiration ;
et comme le temps était splendide, je résolus d'en-
treprendre une longue excursion à travers les
prés fleuris, pour voir si les roulades du rossignol
l'emportaient sur mes trilles. Si jolie était la campagne, si doux le parfum de la brise, que je marchais sans m'apercevoir du chemin parcouru ; si
bien qu'à dix heures, l'heure où j'avais l'habitude
de déjeuner, je m'aperçus avec stupéfaction que
j'étais égaré. Revenir sur mes pas, chercher à
retrouver la piste perdue, c'était imposer à maître
Gaster, mon estomac, qui ne plaisantait pas sur la
matière, une diète trop prolongée. Je résolus donc
de m'en rapporter au hasard, et de m'arrêter à la
première hôtellerie qui se trouverait sur ma route.
Stimulé par l'appétit, comme un cheval qui sent
l'écurie, je marchais d'un pas rapide, sans autre
boussole que ma bonne étoile. Hélas ! sur l'horizon,
pareil à la mer immense, aucun clocher n'apparaissait. Rien, toujours rien que l'herbe qui verdoie et
le soleil qui poudroie ! C'est donc un désert, une
Thébaïde, que ce pays-là, pensais-je avec déses-

poir ! En serais-je donc réduit à me dévorer moi-
même, ou à me nourrir, comme les anachorètes, de
racines et de tubercules ? Ah ! qu'une grillade de
porc eût bien fait dans le paysage ! Mais, je n'avais
même pas la ressource du cochon de saint Antoine ;
et, tout en marchant, des visions gastronomiques
hantaient mon cerveau affaibli ; mais rêves et
visions fuyaient devant moi comme le mirage du
désert. Soudain, le son d'une cloche vint frapper
mes oreilles ; c'était celle d'un village voisin qui
appelait les fidèles à la grand'messe. J'ai toujours
aimé le son des cloches ; il fait naître en moi tout
un monde de sensations : la sensation gastrono-
mique était cette fois la note dominante, et, en
dépit du proverbe : « Ventre affamé n'a pas
d'oreilles, » cette musique-là m'était aussi agréable
qu'aux chevaux d'un escadron la sonnerie de la
botte à coco. Quelques minutes après, je faisais
mon entrée dans un petit village, au son joyeux
des dig, din', don, qui continuaient à vibrer dans
l'espace. Ce ne fut pas sans peine, je l'avoue ;
l'accès en était peu facile. Le sentier, vrai chemin
de chèvres, s'engageait entre d'énormes quartiers
de roches, entassés les uns sur les autres, comme
Pélion sur Ossa. Le paysage avait quelque chose
d'antique, de mystérieux, je dirai même d'antédilu-
vien, et le hameau était dominé de tous côtés par
des montagnes si élevées, que les rayons du soleil

et de la civilisation n'y devaient jamais pénétrer.
Je marchais le nez en l'air, en quête d'un restau-
rant, les narines bien ouvertes pour mieux aspirer
les parfums culinaires, quand une forte odeur de
friture m'arriva. Je suivis cette piste avec une
ardeur sans pareille. Elle me conduisit tout droit à
une auberge de médiocre apparence, sur le fronton
de laquelle se lisait en gros caractères l'inscription
suivante : « *Au radeau de la Méduse.* » Cette
enseigne famélique et originale m'inquiéta ; les
voyageurs en seraient-ils réduits à se manger les
uns les autres ? Mais je fus vite rassuré en voyant
le teint gras et fleuri et la bedaine proéminente du
patron. Le régime des lentilles et des pois chiches
ne devait pas être celui de la maison. « Monsieur,
lui dis-je en entrant, j'ai l'estomac, comme on dit
vulgairement, dans les talons, et je désirerais
déjeuner le plus tôt possible. » Je renonce à dé-
peindre l'air ahuri du bonhomme à cette demande
cependant si naturelle ; l'arrivée du grand Turc
avec tout son harem n'aurait certainement pas
produit plus d'effet. Rien dans ma personne n'au
torisait cependant pareille surprise ; ma mis
simple et de bon goût, comme il convient à ur
agent des Domaines, n'avait rien d'excentrique ;
je n'étais ni bossu, ni bancal ; je n'avais pas le nez
de travers, et ne m'étais exprimé ni en grec ni en
chinois. Il sortit enfin de sa stupeur, mais ce fut

pour appeler tout son personnel : Jeanne, Jeannette et Jeanneton. « Un étranger, un voyageur,
leur dit-il en me désignant ! » Et les trois bonnes
à leur tour me regardèrent bouche béante, comme
les Indiens du Nouveau-Monde durent regarder
Christophe Colomb quand il découvrit l'Amérique.
Renonçant à éclaircir ce mystère, j'allais me retirer
pour employer à parcourir le pays le temps nécessaire à la préparation de mon déjeuner, quand mon
hôte me pria de vouloir bien remplir auparavant
une petite formalité. Il s'agissait, conformément
aux règlements de police, de vouloir bien inscrire
sur un registre mes noms, profession et domicile.
Rien de plus juste ! Mais quel ne fut pas mon étonnement de voir que le registre, vieux, parcheminé,
et qui devait dater d'un temps immémorial, était
encore vierge de toute inscription. « Ne soyez pas
surpris, me dit le brave homme. Mon hôtel n'a
d'autres clients que les gens du pays, qui viennent
bien de temps en temps manger et boire, mais dormir, jamais ! On ne sait pas ici ce que c'est que de
mettre des draps blancs dans un lit, pour les voyageurs, s'entend. Un voyageur, un vrai, comme
vous semblez l'être, a toujours été pour nous un
mythe, un rêve jamais réalisé. Ce fait même est si
extraordinaire que je vais immédiatement prévenir
le maire de la localité. Il se pourrait qu'il ait
quelques mesures à prendre. » Et, sans attendre

ma réponse, il disparut aussi vite que le lui permettaient ses courtes jambes et son gros ventre.
Cette fuite soudaine me laissa perplexe ; le maire
avait des mesures à prendre. Quelles mesures ?
Allait-on me soupçonner d'apporter les germes
d'une épidémie ? Allait-on, par mesure d'hygiène,
vouloir me désinfecter et me passer à la chaudière,
comme un pèlerin revenant de La Mecque ? Quoi
qu'il en soit, n'ayant rien de mieux à faire, j'allai
me promener dans les rues ; là encore, je fus l'objet
d'une attention extraordinaire, tous les habitants
sortaient sur leurs portes pour me voir passer,
paraissant aussi surpris que l'eussent été les Pari-
siens en voyant un ibis bleu ou un crocodile se
promener sur les bords de la Seine. Evidemment,
l'aubergiste avait raison, les relations du pays
avec le dehors n'avaient jamais dû être plus fré-
quentes que celles de l'empire du Milieu avec le
monde extérieur ; et dans cette Chine d'un nouveau
genre, je me trouvais aussi dépaysé qu'un Euro-
péen dans les rues de Canton ou de Pékin.

Arrivé sur la place de l'Eglise, j'aperçus de loin
une compagnie de pompiers qui manœuvrait. Devant
le peloton, attentifs, un groupe d'hommes qui
devaient être, sans nul doute, les autorités du pays.
L'un de ces personnages, le maire probablement,
paraissait engagé dans une conversation soutenue
avec mon maître d'hôtel. J'étais évidemment sûr le

tapis; à peine avais-je paru, que le capitaine du peloton commandait: « Portez armes! présentez armes! » puis la compagnie et les autorités marchèrent droit sur moi comme à l'assaut, et formèrent en un clin d'œil autour de ma personne le bataillon carré. Alors s'adressant à moi, le maire de la localité s'exprima en ces termes. « Ne soyez pas surpris, noble inconnu, de la manœuvre qui vient de s'exécuter ; veuillez n'y voir que l'empressement et le plaisir que nous éprouvons d'entrer en relations avec vous. Dieu nous a donné la bosse de l'hospitalité ; mais nous n'avons pas encore, jusqu'à ce jour, trouvé l'occasion de mettre en pratique cette qualité qui nous est commune avec les montagnards écossais. Depuis plusieurs siècles, à l'exception du Juif-Errant, qui du reste n'a fait que passer, aucun étranger n'a mis le pied dans nos murs J'espère donc que vous voudrez bien nous consacrer quelques heures, et accepter le modeste dîner que nous comptons vous offrir ce soir. » Ces paroles dites, il me demanda la permission de me donner l'accolade. Ce fut alors un embrassement général, toute la compagnie de pompiers, les autorités me pressèrent successivement dans leurs bras. Puis les tambours ouvrirent un ban, et la fanfare joua une marche guerrière. Alors un immense orgueil remplit mon être. J'entrai avec aisance dans la peau du personnage important que la foule voyait en moi. J'adressai à tous, ainsi qu'aux musiciens quelques paroles éloquentes : « Mes amis, dis-je à ces derniers, moi aussi je suis mélomane. J'ai fait autrefois de la musique d'ensemble dans une société lyrique, c'est moi qui battais de la grosse caisse, puis, las de cet instrument trop bruyant, je suis devenu un fervent de la pédale; le piano et l'orgue me sont familiers. » Et je continuai ainsi, pendant vingt minutes au moins, débitant avec autant d'abondance qu'un puits artésien. « Quelle platine! quel crachoir! pardon de la vulgarité de ces expressions, c'est un vieux soldat qui parle, s'écria Rossignol, ex-tambour major et capitaine des pompiers. » « Monsieur, me dit alors à voix basse le curé de la paroisse qui était présent, personnage long et sec, à figure d'ascète, voudriez-vous m'accompagner jusqu'à l'église? Je désirerais vous entretenir en particulier. » Cette question, mal comprise par moi, me suggéra, je ne sais pourquoi, la pensée saugrenue que le brave homme désirait s'assurer avant tout de la sincérité de mes sentiments religieux, en me conduisant au tribunal de la pénitence. Qui sait, me disais-je, si, dans un pays aussi en retard, la lutte séculaire des hugenots et des catholiques ne subsiste pas encore, aussi vive que du temps de Monluc et du baron des Adrets ! L'idée était bizarre, j'en conviens; mais ce qui m'arrivait était si étrange, que j'avais bien le droit de m'attendre à tout. « Excusez-moi, Monsieur le Curé, lui répondis-je ; mais je ne me crois pas suffisamment préparé ; ma conscience est certainement aussi chargée que mon estomac est vide ; permettez-moi donc de vouloir bien préférer pour le moment la nourriture du corps à celle de l'âme. — Vous ne m'avez pas compris, mon cher ami, reprit le curé ; votre conscience n'a rien à faire dans ma proposition. N'avez-vous pas dit tout à l'heure à nos musiciens que vous étiez un fervent de la pédale ! or, nous possédons à l'église un vieil orgue qui est toujours resté muet, faute d'exécutant, et vous me feriez bien plaisir de venir assister aux vêpres de l'après - midi, et de rendre la voix à cet antique instrument. » Bref, il insista d'une façon si gracieuse, qu'en dépit de ma répugnance à me produire ainsi en public, je fus forcé d'accepter.

Cette affaire réglée, tout le cortège m'accompagna à mon hôtel. Ce fut à travers les rues une promenade triomphale. Instantanément, la ville avait été pavoisée ; et si on ne tira pas le canon, c'est qu'il n'y en avait pas. Ivre d'honneurs, grisé par les acclamations de la foule, je me donnais des airs de Président de la République en tournée. Je saluais les populations avec grâce ; toujours dans l'esprit de mon rôle, j'allai jusqu'à faire des sacrifices pécuniaires ; je laissai dix francs aux pauvres de l'hospice, dix francs au bureau de bienfaisance, autant aux pompiers.

Chose promise, chose due ! A l'heure dite, je m'acheminai lentement vers l'église. Une animation inaccoutumée régnait dans le pays. Les rues étaient pleines de gens de tout âge, de tout sexe, suivant le même chemin que moi. Qui donc a dit que la foi faiblissait, pensais-je à part moi ! Je connus plus tard la cause de cette affluence extraordinaire. Voici ce qui s'était passé : à la grand'-messe, au lieu du sermon habituel, le curé avait fait du haut de la chaire une énorme réclame en ma faveur ; à l'entendre, le vieil orgue allait rendre, sous mes doigts, des accords aussi mélodieux que ceux de la lyre d'Orphée et de la harpe de sainte Cécile. « Oh ! mes chers paroissiens, s'était-il écrié, qui nous eût dit que le hasard, est-ce bien le hasard, car les voies de la Providence sont impénétrables, nous enverrait pareille aubaine ? Que des messagers aux pieds rapides portent la bonne nouvelle à un pays d'alentour, tandis que les cloches sonnant à toute volée transmettront à travers l'espace l'annonce d'une cérémonie sans pareille ! Que du saint temple, ainsi que l'a dit Racine, le peuple en foule inonde les portiques ! *Et nunc, erudimini, fratres !* »

On devine l'effet produit : Pierre l'Ermite prêchant la première croisade n'avait pas, j'en suis

sûr, excité pareil enthousiasme. Tout le ban et
l'arrière-ban de la population avait donné ; on vit
même des infirmes, des boiteux, des paralytiques
se traîner, clopin-clopant, vers la vieille basilique ;
et ce fut entre deux haies compactes de spectateurs,
que je pénétrai dans l'enceinte. En dépit de la bien-
veillance des regards fixés sur moi, je n'étais pas
tranquille, la musique sacrée m'étant totalement
inconnue ; mais il était trop tard pour reculer. Seuls
le trombone et l'ophicléïde me lançaient des coups
d'œil qui n'avaient rien de sympathique. Une basse
jalousie les animait ; sans rivaux jusqu'alors, ils
craignaient de voir leur étoile artistique pâlir devant la mienne. A peine avais-je plaqué les premiers accords, que les deux instruments se mirent
à mugir d'une façon formidable. On eût dit le ranz
des vaches exécuté par tous les taureaux d'Uri et
d'Unterwald ; la voix de l'orgue fut complètement
couverte ; c'était un défi porté. Je relevai brave-
ment le gant. J'implorai le secours d'Éole ; Borée,
Notus, Aquilon, répondirent à mon appel, et s'en-
gouffrèrent dans les tuyaux avec un fracas pareil à
celui du vent d'hiver rugissant dans les cheminées
et les corridors. Il en sortit des voix d'orage et de
tempête, et des sons métalliques et vibrants comme
ceux des trompettes de Jéricho. Dans ce record du
tapage, j'enfonçai jusqu'au cinquième dessous le
trombone et l'ophicléïde ; et leur air triste et morne

m'apprit qu'ils se considéraient comme vaincus. Maître alors de la situation, je me donnai libre carrière : musique de danse, airs d'opéra, j'exécutai tout mon répertoire avec un entrain sans pareil. Le prédicateur avait parlé de la lyre d'Orphée ; j'en ressuscitai le souvenir en jouant le quadrille d'*Orphée aux enfers*. Je continuai par le galop de *la fille de madame Angot* sur l'air de :

> Les soldats d'Augereau
> Sont des hommes,
> Des hommes, etc.

et je terminai par une gigue endiablée qui fit sur ces gens du Midi l'effet d'une tarentelle sur les Napolitains. Mon triomphe fut complet, j'ose le dire ; les jambes du public se trémoussaient à la sortie, et l'élan était tel qu'une gigantesque farandole lui servit de clôture. Comme nous nous trouvions dans une période de sécheresse, et qu'on avait oublié d'arroser la place, il s'éleva tout naturellement autour de nous un nuage de poussière aussi épais que les brouillards de la Tamise. On pense si le vin d'honneur et autres rafraîchissements offerts par la municipalité furent accueillis avec plaisir. Seul, le curé s'abstint d'y prendre part. Oncques, ne vis jamais homme si détaché des choses de la terre. Les gâteaux, galettes et pâtisseries étaient pour lui sans attraits ; c'était le carême personnifié ; et je ne répondrais pas que l'oignon cru, qui fut jadis en Egypte la seule nourriture des Hébreux, eût trouvé grâce devant lui.

Ainsi se passa cette journée mémorable, qui compta dans les annales du pays. Non moins mémorable le dîner qui suivit et auquel le maire m'avait convié, en compagnie du curé, de l'instituteur et de quelques notables municipaux.

Le repas abondamment servi ne brillait pas par la variété ; le porc et le chevreau en faisaient tous les frais, apparaissant tour à tour sous ses formes différentes. Impossible de sortir de ce cercle non vicieux ! A peine quelques légumes se montraient-ils çà et là pour animer un peu ce paysage culinaire ! De conversation, point ! toutes les bouches étaient muettes, sauf une. A peine le potage était-il avalé, que le curé prenait la parole pour la garder jusqu'au dessert. Il débuta par un sermon sur la sobriété et l'abstinence, prêchant lui-même d'exemple, en ne mangeant que des légumes et ne buvant que de l'eau. « Honte, s'écriait-il, à ces hommes amoureux de la bonne chère, à ces épicuriens qui se font un dieu de leur ventre ! » Excusons-le ! Ce pasteur d'âmes avait l'habitude de prêcher pendant une heure, et se croyait toujours en chaire. Nous étions tellement ahuris par cette éloquence végétarienne, que nous n'osions plus ni redemander d'un plat, ni tendre nos verres. Fort

heureusement l'aspect du dessert indigna et chassa
pour de bon cet homme austère. Alors les figures
se déridèrent, les langues se délièrent, « *Nunc est
bibendum* », s'écria l'instituteur ! « Où il y a de la
gêne, il n'y a pas de plaisir, » répliqua un conseiller
municipal moins lettré. En dépit de ma sobriété
habituelle, je me laissai gagner par l'élan général.
Le vin du cru, très agréable à boire, mais traître et
capiteux en diable, ne tarda pas à me faire sentir
son influence, et je donnai une fois de plus raison au proverbe : « *Inter pocula ebrietas.* »

Je ne me rappelle que très confusément les suites
de cette soirée bacchique. Il me semble que le tambour-major essaya d'avaler sa canne ; mais je ne
saurais l'affirmer. Le lendemain matin, je me ré-
veillai, la tête lourde, dans un lit que le maître de la
maison avait mis obligeamment à ma disposition.
Les cloches sonnaient à toute volée, il était temps
de partir. Il n'entrait pas dans mes habitudes de
faire le lundi comme les maçons, et de faire tout au
gouvernement en donnant un accroc à la journée
de huit heures. Je me levai donc en toute hâte.
Quelle ne fut pas ma surprise, en descendant dans
la cour de la mairie, d'y voir réunies toutes mes
connaissances de la veille, impatientes de me
souhaiter la bienvenue. Le maire fit tous ses efforts,
mais en vain, pour me décider à me fixer dans le
pays. Il m'adressa les propositions les plus bril-

lantes, allant même jusqu'à m'offrir de m'ériger une statue. Le curé qui tenait à son musicien vint à son tour à la rescousse. Bref, tous ces braves gens m'auraient volontiers mis sous cloche, comme un bouquet de mariée. Bien entendu, la compagnie de pompiers était là sous les armes. La série des honneurs continuait ; seulement, comme le temps pressait, je résolus d'expédier rapidement la cérémonie toujours douloureuse des adieux. Sur l'invitation de Rossignol, je consentis à passer la revue des troupes sous ses ordres ; je les complimentai sur leur bonne tenue, et leur adressai quelques paroles émues comme Napoléon à Fontainebleau aux grognards de la grande armée. Alors une trentaine de jeunes filles, habillées de blanc, s'avancèrent et entonnèrent en chœur la sentimentale romance intitulée « *L'Étranger* » :

> Il a passé comme un nuage,
> Comme un flot rapide en son cours,
> Mais mon cœur garde son image,
> Toujours, toujours, toujours...

Ça, par exemple, c'était le bouquet ! voilà qui n'était pas banal ; ce chœur de jeunes filles me rappelait ceux des tragédies antiques. C'était, en même temps, éminemment flatteur pour mon amour-propre ; aussi, au moment du départ, fus-je le premier à provoquer les accolades ; je commen-

çai par la partie mâle de la société, et terminai par
les chanteuses pour rester sur la bonne bouche. Je
ne voyais pas de moyen plus agréable pour moi de
leur témoigner ma reconnaissance : ah ! si nous
avions habité Constantinople ! Mais les questions
d'Orient sont toujours brûlantes ; n'insistons pas.

Puis, je repris mélancoliquement le chemin du
retour, laissant derrière moi toutes mes illusions ;
mon rêve avait les ailes cassées comme Icare ;
j'étais redevenu Gros-Jean. En rentrant à mon domicile, je ne trouvai au-devant de moi, ni maire, ni
pompiers, mais bien une famille de douze personnes qui faisait faction devant ma porte, pour
acquitter l'impôt du centième denier : nul n'est prophète dans son pays.

Quelques semaines après, j'avais mon changement. L'Administration, qui avait eu probablement
connaissance de mon goût pour les voyages d'ex-
ploration, m'envoyait en Bretagne, sans doute pour
y découvrir de nouvelles contrées. Je ne revis
jamais le hameau hospitalier ; mais longtemps
encore, dans le silence des nuits, je rêvai souvent
de ma gloire éphémère, et des jeunes filles de la
montagne.

# EN VACANCES

ANS les établissements scolaires, l'approche des grandes vacances met généralement les têtes à l'envers. Professeur de rhétorique dans un petit lycée de province, je n'échappais pas à la loi commune, et j'aspirais à la liberté avec autant d'ardeur que l'oiseau captif qui voit ses pareils fendre la nue de leurs ailes rapides; et, cependant, si grande que fût ma joie, elle était encore dépassée par celle de ma femme Olga. C'est que nous allions enfin pouvoir mettre à exécution le voyage de noces projeté depuis si longtemps et toujours remis. Ce fut, il faut l'avouer, une semaine d'aimables folies et de douce gaîté, sous l'œil bienveillant du dieu

11

Cupidon qui présidait à nos ébats, et souriait à
notre lune de miel. Ce n'étaient, du matin au soir,
que rires et chansons, même quand la cuisine
sentait le brûlé, même quand le rôti brillait par
son absence, la cuisinière ayant oublié de mettre à
la broche le chapon qui devait en tenir lieu ; en
revanche, elle en mit deux dans la salade, si consciencieusement frottés d'ail, que le soir même,
toutes les mouches de l'appartement avaient vécu.
Ce fut aussi, hélas ! une semaine de casse ; si, en
temps ordinaire, nous avions tous généralement la
main malheureuse, ce fut bien pis cette fois. La
vulgaire faïence, aussi bien que la porcelaine du
Japon, s'échappaient de nos doigts avec une faci-
lité déplorable. Bon nombre de potiches précieuses
eurent le nez cassé, et la trinité indienne, Brahma,
Siva et Vichnou, fut dépareillée. Nous étions acti-
vement secondés, du reste, dans cette besogne
désastreuse, par notre bonne Marie, que nous
laissions à la maison par économie, et qui cassait
de colère. C'était enfin dans notre logis, ordinairement si tranquille, un branle-bas général, un va-
et-vient continuel, nécessité par les préparatifs de
départ. Il fallait voir l'entrain qu'apportait Olga
au rangement des effets dans les malles. Cette
délicate opération fut menée rondement, je puis le
dire ; des montagnes d'effets divers s'y entassaient
comme Pélion sur Ossa, à une hauteur prodigieuse ;

et quand nous grimpâmes sur les malles, Olga et moi, pour essayer de fermer le couvercle, nous éprouvâmes une sensation de vertige et l'illusion d'une ascension au Mont-Blanc, mais notre poids fut insuffisant, et il ne fallut rien moins que le puissant concours de ma belle-mère pour en venir à bout.

C'est qu'il y avait là, en linge, vêtements, chaussures, de quoi faire le tour du monde en quatre-vingts jours ; rien n'y manquait, pas même les ceintures de sauvetage, en prévision d'une excursion maritime ; l'île déserte elle-même avait été prévue, et, à cet effet, l'excentrique Olga avait tenu à emporter avec elle une vieille bible, pour faire des lectures pieuses et convertir les sauvages.

Malheureusement, dans cet horizon radieux, où se jouaient les papillons bleus de notre imagination, il y avait un point noir. Pour la première fois, depuis mon entrée dans la carrière, la tâche délicate et difficile de prononcer le discours de distribution de prix m'avait été confiée ; or, trois jours seulement me séparaient de cette grande solennité, et je n'en avais pas encore écrit le premier mot. Qu'attends-tu donc, ne cessait de me répéter Olga ? J'attends l'inspiration, répondais-je invariablement, mais l'inspiration ne venait pas ; c'est en vain que je l'avais demandée aux échos d'alentour, au soleil, à la lune, aux étoiles, qui en sont généralement les grands dispensateurs, en vain que j'avais fouillé les entrailles de la terre et les grottes profondes ! Rien, toujours rien ! Je n'étais pas cependant bien exigeant ; je ne demandais pas à dérober le feu du ciel comme Prométhée ; une simple étincelle m'aurait suffi ; et ce ne fut que l'avant-veille de la cérémonie, qu'un rayon d'en haut vint m'illuminer. Bien que tard venu, le sujet mis au monde donnait les plus belles espérances ; et, quand le grand jour arriva, ce fut d'une voix ferme que je prononçai la phrase sacramentelle : « Jeunes élèves. » J'avais naturellement semé çà et là de nombreuses fleurs de rhétorique ; malheureusement, il s'y était mêlé, sans doute à mon insu, quelques lourds pavots, car l'impression produite fut celle d'une berceuse de Schumann, et l'assistance devint légèrement somnolente ; j'avais été trop classique pour ces gens-là. Je m'adressais en effet à un public essentiellement agricole, qui s'intéressait beaucoup plus à la question des engrais et à la culture des céréales, qu'à celle des langues mortes ; je sus heureusement m'arrêter à temps sur cette pente dangereuse, et, par une transition habile, passant de Cicéron à Cincinnatus, je fis l'éloge du soldat laboureur, je rappelai les succulents haricots dont se nourrissait Lucullus ; à ces fermiers, à ces fermières, je parlai basse-cour, canards, poules et dindons, et je terminai par quelques paroles émues et bien senties à l'adresse de ces illustres volailles qui sauvèrent Rome au temps jadis : « les oies du Capitole ». Cette fois, j'avais touché la corde sensible, et un murmure approbateur accueillit ma péroraison.

Cette affaire heureusement terminée, rien ne s'opposait plus désormais à ce que nous exécutions le fameux voyage en question. « En route, dis-je à ma jeune femme ! Où irons-nous ? En Asie, en Amérique ? Ferons-nous notre trouée dans le continent noir ? — Peuh ! répliquait Olga, l'Asie, l'Amérique, c'est bien usé ; l'Afrique devient banale ; je ne vois guère que le pôle Nord qui soit intéressant. » Malheureusement, je le dis sans honte, les sources auxquelles j'alimentais mon budget n'avaient rien de commun avec celles du Pactole ; nous rayâmes donc sagement de notre programme quatre sur cinq des parties du monde, et nous décidâmes d'un commun accord que nous resterions pour cette fois en deçà de la Méditerranée et des colonnes d'Hercule.

Cette décision prise, nous nous rendîmes à la gare, et nous montâmes dans le train qui devait nous conduire à l'une de ces nombreuses stations thermales qui rendent si attrayant le département du Puy-de-Dôme ; l'Auvergne avait en effet réuni tous nos suffrages. Nous n'avions pu résister à l'attrait de ses danses célèbres et de son langage

pittoresque, et en chemin de fer ce fut à qui chara-
biaterait de son mieux.

C'est ainsi que nous arrivâmes à destination
dans d'excellentes dispositions, le cœur à l'aise,
gais, contents et triomphants ; mais en descendant
du train, Olga, si rieuse tout à l'heure, devint soudain soucieuse, et tressaillit comme si elle eût été
piquée d'une tarentule. Au même instant, par suite
d'un faux pas, je m'étalais sur le nez, comme Guillaume le Conquérant mettant le pied sur le sol de
l'Angleterre. « Parbleu, ça ne m'étonne pas, s'écria
Olga, nous sommes partis un vendredi et un
treize ! » Ma femme était superstitieuse. C'était
là son moindre défaut. « Gare les tuiles alors,
m'écriai-je en riant, et en me relevant lestement,
malgré mon atout ! Si tu m'en crois, nous ferons
comme les augures de l'antiquité, nous ferons
mettre en arrivant un poulet à mort et ses entrailles à part, et nous chercherons à deviner l'avenir. » Ma gaieté l'irrita ; ses sourcils se froncèrent
comme ceux de Jupiter Olympien, et ses yeux me
lancèrent des éclairs farouches. Telle la sibylle de
Cumes, ou la pythonisse d'Endor évoquant, à la
vue du roi Saül, l'ombre de Samuel, la veille de la
bataille de Gelboë ! Si prophétique était son accent,
que j'en eus froid dans le dos ; et ce fut, en proie à
de noirs pressentiments, que nous nous dirigeâmes
vers l'*Hôtel du Faisan doré*, où j'avais eu la pré-

caution de faire retenir une chambre depuis plusieurs jours. Olga avait-elle raison ? La suite nous l'apprendra. Après un médiocre dîner, nous montâmes à une chambre plus médiocre encore ; qu'on s'imagine un immense quadrilatère où une compagnie de pompiers aurait manœuvré à l'aise ; deux chaises dépaillées, placées chacune à un angle, avaient l'air de jouer aux quatre coins avec un fauteuil maigre et une table de nuit boiteuse ; sous les portes, des fentes énormes et un carreau de moins permettaient à l'air extérieur d'arriver avec une abondance exagérée. Quant à l'indispensable, il brillait par son absence ; en revanche, sur une console pourrie s'étalait orgueilleusement un vase étrusque, trouvé probablement dans les fouilles de Pompéï, car il était encore plein de cendres. Enfin, à travers les papiers déchirés, la muraille apparaissait, grise, hideuse, trouée comme si elle eût eu la petite vérole.

Il y avait évidemment beaucoup à dire sur le confortable de l'établissement ; mais, comme il était tard, nous remîmes au lendemain nos justes observations ; la tiédeur de la température permettait du reste de supporter sans inconvénient l'absence du carreau ; quant à l'indispensable, nous le remplaçâmes jusqu'à nouvel ordre par le vase étrusque ; puis, nous nous glissâmes dans les draps, d'une blancheur douteuse, non sans inquiétude sur la façon dont nous passerions la nuit dans cette chambre, étrange et mystérieuse comme celle du château d'Udolphe.

Tout alla donc bien d'abord, et nous dormions profondément, quand nous fûmes réveillés soudain par des démangeaisons insupportables; des souffles nous frôlaient le visage; il y avait dans l'air comme des battements d'aile, et le cri sinistre de l'oiseau de nuit venait frapper nos oreilles. Que se passait-il donc? Les sorcières de Macbeth s'étaient-elles donné rendez-vous dans la pièce? Allions-nous voir se renouveler les horreurs de la nuit de Valpurgis? Rapidement, je fis de la lumière; hélas! nous étions envahis par une légion de ces insectes trop connus, dont le Midi n'a pas malheureusement le monopole; il en sortait de partout : à l'orient, à l'occident, au nord, au sud, on ne voyait que colonnes serrées s'élançant à l'assaut; sur nos têtes voletait lourdement une énorme chauve-souris, entrée par le carreau, et qui ne retrouvait pas la sortie. Je sonnai le garçon à plusieurs reprises; personne ne vint; dans tout l'hôtel régnait un silence religieux; et jusqu'à l'aube du jour, pareils à ces moines silencieux qui passent la nuit en prières, nous errâmes tristement dans les corridors solitaires, réveillant l'écho endormi par le bruit de nos pas sur les dalles sonores.

Nous nous empressâmes naturellement d'aller

porter nos sandales ailleurs, après nous être
assurés préalablement, par une inspection minu-
tieuse de nos vêtements, que nous n'emportions
avec nous aucun insecte malfaisant. Nous trou-
vâmes sans peine un hôtel plus confortable, et
chargeâmes un garçon de se rendre à notre ancien
domicile pour régler la note et retirer nos malles.
Le garçon revint, mais sans les malles. Barbassou,
c'était le nom de notre premier hôtelier, refusait de
les rendre ! Barbassou réclamait une indemnité de
cent francs ! Ce fut, parmi les voyageurs qui m'en-
touraient, un cri général de réprobation. A l'unanimité, la prétention de Barbassou fut déclarée
exorbitante, et, à dix-neuf voix contre une, il fut
décidé que je devais résister, et recourir, s'il le fallait, aux agents de la force publique. Pour ne frois-
ser personne, je procédai par la voie hiérarchique,
et mandai tout d'abord le garde champêtre. L'arrivée de ce fonctionnaire fit sur notre enthousiasme
l'effet d'une goutte d'eau froide sur un liquide en
ébullition. Au nom de Barbassou, sa figure
s'assombrit comme la mer immense, quand le ciel
se couvre de nuages, et sa plaque elle-même parut
se ternir. Pour calmer cette émotion, je l'invitai à
se mettre à table avec nous, ce qu'il accepta du
reste sans se faire prier. Il garda tout d'abord un
silence prudent, et sa bouche ne s'ouvrait guère
que pour entonner la nourriture ; peu à peu cepen-

dant, le bon vin aidant, sa langue se délia ; de
taciturne qu'il était il devint prolixe et bavard,
causant, hélas ! de toute autre chose que de l'affaire
qui m'intéressait. C'est ainsi que j'appris qu'il avait
fait la guerre de Crimée, traversé la mer de Mar-
mara, la mer Noire et le détroit des Dardanelles ;
c'est en vain que je m'efforçais de le ramener à la
question : peines perdues ! Ce nouvel Ulysse tenait
absolument à raconter son odyssée. On pense si
j'enrageais ! Il y avait loin du Bosphore et de
Stamboul à l'*Hôtel du Faisan doré*, où nos malles
étaient en train de moisir ; aussi, au moment où il
allait franchir le Pont-Euxin et les Échelles du
Levant, je l'arrêtai brusquement. « Vous me racon-
terez le reste une autre fois, lui dis-je, parlons un
peu de Barbassou. » Alors, pareil à ces Gaulois
que le nom seul de Teutatès frappait de stupeur,
ce vieux raseur reprit son air terrifié du début ; il
se mit à parler bas, plus bas que ces pêcheurs de
la romance à la poursuite du roi des mers dans les
eaux napolitaines, si bas même que je ne pus com-
prendre aucune de ses paroles ; puis, après avoir
mis un doigt sur sa bouche, il se retira à reculons,
hochant gravement la tête et faisant, à l'instar de
Ponce-Pilate, le geste d'un homme qui se lave les
mains. J'étais fixé : le héros de Sébastopol et de
Balaclava, craignant sans doute de se compro-
mettre, refusait de me prêter son concours.

Qu'était-ce donc que ce Barbassou, dont le nom seul produisait sur les gens l'effet de la tête de Méduse ? Très intrigué, mais non découragé, je courus à la gendarmerie ; j'avais confiance dans l'esprit d'indépendance qui anime généralement ce corps d'élite ; il ne me semblait pas possible que ces guerriers aux tricornes majestueux fussent accessibles à la corruption et à la peur. Néanmoins, par prudence, je tins tout d'abord caché le nom de mon adversaire.

Je trouvai là, cette fois, des auditeurs sympathiques, qui partagèrent mon indignation et ne tarirent pas en quolibets ironiques à l'adresse du garde champêtre, qu'ils traitèrent de pékin et de poule mouillée ; ils me blâmèrent fortement de m'être adressé à un civil ; et, tortillant sa moustache, faisant sonner les *r* d'une façon terrible, le brigadier jura qu'il me ferait rendre à la fois justice et mes malles. On pense si ce langage belliqueux résonnait agréablement à mes oreilles ; mais quand j'eus enfin prononcé le nom de Barbassou, ce fut comme un changement à vue ; toute cette belle ardeur tomba ; la sardine blanche et le jaune baudrier firent la grimace ; et la pointe des moustaches, qui se dressait tout à l'heure, menaçante, vers le ciel, retomba piteusement vers le sol, en saule pleureur ; ce fut alors une seconde édition de la scène muette du garde champêtre : le geste de

Ponce-Pilate fut exécuté cette fois à quatre mains, avec ensemble, entrain et conviction. Qu'est-ce que cela voulait dire ? Que signifiait cette pantomime ? Est-ce que tous ces gens-là avaient été en classe chez Debureau ? Je rentrai navré. Restait le commissaire ! Ne voulant rien avoir à me reprocher, je résolus de tenter cette dernière démarche. Je me trouvai en présence d'un homme grand, sec, dont l'air austère et le crâne poli comme l'ivoire prévenaient en sa faveur. Je me sentis renaître à l'espoir. Evidemment ce fonctionnaire ne pouvait avoir deux poids et deux mesures ; c'était écrit sur sa figure. Après avoir pris dans une tabatière une énorme prise, et m'avoir regardé fixement ·dans le blanc des yeux, semblant me dire : « Si vous croyez que je vais éternuer, vous vous trompez joliment », il m'invita à lui exposer mon cas. Hélas ! mon interlocuteur était sourd, sourd comme un pot. C'est en vain que je haussai mon diapason, que je poussai jusqu'à l'octave et donnai même l'*ut dièse* de Tamberlik ; peines perdues ! Vraiment cette surdité était extraordinaire, si extraordinaire même qu'elle me parut à bon droit suspecte. « Il n'y a pires sourds, dit le proverbe, que ceux qui ne veulent pas entendre », et mes échecs successifs m'avaient mis en méfiance. Cette fois, la coupe était pleine ; nous jugeâmes inutile de pousser l'expérience plus loin ; et puis le soleil baissait à l'horizon ; l'astre des nuits n'allait pas tarder à descendre du sommet des montagnes dans le fond des vallons : *Suadentque cadentia sidera somnos*, a dit le poète ; traduction libre : « L'heure de se mettre au lit allait bientôt sonner. » Or, s'il ne me restait pas beaucoup d'illusions, il me restait encore moins de cheveux ; et le couvre-chef destiné à préserver mon crâne des fraîcheurs nocturnes, était enfermé dans la malle ; il y avait urgence ; et, pour en finir, je me décidai, bien qu'à contre-cœur, à passer à la caisse du *Faisan couronné*.

Désirant néanmoins éclaircir le mystère, je courus aux renseignements : je fis causer Pierre, je fis causer Paul, et j'acquis enfin la désolante certitude que Barbassou était un homme qu'il ne faisait pas bon avoir pour adversaire ; riche d'une fortune mal acquise, il jouissait dans le pays d'une popularité considérable ; il ne donnait pas, comme la Providence, la pâture aux petits oiseaux ; en revanche, il donnait à boire aux gens qui avaient soif, et Dieu sait s'il y avait des ivrognes dans la localité ! De là son influence, assez grande pour contrebalancer celle des autorités elles-mêmes, et obtenir la révocation ou le changement des fonctionnaires qui lui déplaisaient. Tout s'expliquait, même la surdité du commissaire.

Un malheur n'arrive jamais seul : ma femme ayant voulu profiter de son séjour, pour soigner une affection peu dangereuse du reste, avait eu recours, suivant l'usage, aux lumières d'un médecin. Naturellement, je l'accompagnais dans ses visites, et le praticien, très poli, ne manquait jamais de s'informer de ma santé, qui cependant ne laissait rien à désirer ; et chaque fois, j'emportais une excellente impression de cet homme aimable qui s'intéressait tant à ma personne. Cette politesse exquise cachait, hélas ! un but intéressé. Je m'en aperçus bien, le jour où, voulant régler la note des soins donnés à ma femme, il m'en présenta une seconde qui m'était personnelle : « Je n'ignore pas, ajouta l'Esculape, en souriant de son air le plus gracieux, que ces Messieurs de l'Université ne sont généralement pas très fortunés ; aussi vous ai-je taxé en conséquence ; coût : soixante francs ! » Je payai, cette fois, sans protester : Barbassou m'avait dompté.

On pense si nous avions hâte de quitter ce pays de malheur, cette contrée féconde en surprises et en notes... douloureuses, dont les habitants, je me plais à le reconnaître, dansaient dans la perfection la bourrée d'Auvergne, mais s'entendaient non moins bien à faire danser les écus des voyageurs ; nous saluâmes en passant la statue de Vercingétorix, cet illustre guerrier qui n'était pour rien dans nos tribulations ; et, après avoir jeté un dernier regard au Puy-de-Dôme, dont la face s'était voilée

de brume, sans doute pour ne pas voir les turpi-
tudes qui se commettaient à ses pieds, nous nous
rendîmes directement à la gare. Était-ce un pres-
sentiment ? Il me tardait d'être dans le train ; il
régnait dans les salles une animation extraordinaire : de nombreuses dépêches avaient signalé le
passage d'anarchistes, et les ordres les plus sé-
vères avaient été donnés au point de vue de la
surveillance des voyageurs et de leurs colis ; en
ouvrant mon carton à chapeau, l'agent qui opérait
mit la main sur une boîte en fer-blanc, de forme
conique, renfermant une superbe glace à la vanille,
qu'Olga avait eu la fantaisie d'acheter, pour com-
battre en route la chaleur et la soif : « Une bombe à
renversement, » s'écria l'intelligent fonctionnaire,
en se rejetant vivement en arrière, comme si l'aspic
de Cléopâtre eût soudain dressé vers lui sa tête
venimeuse ! En vain je voulus protester : « Taisez-
vous, reprit l'autre, sans vouloir m'entendre, et
que l'on porte cette bombe au laboratoire ! » Mais le
mot de bombe avait jeté la panique ; la gare se vida
en un clin d'œil, et les locomotives elles-mêmes,
prises de frayeur, se retirèrent à toute vapeur,
entraînant derrière elles les wagons vides. Il faisait en ce moment au laboratoire trente-cinq
degrés de chaleur ; les Israélites dans le désert,
en voyant la source jaillir du rocher, ne furent
pas plus agréablement surpris que l'expert chi

m'ste et ses deux aides, quand ils eurent reconnu la nature de l'engin destructeur ; l'apprécier à sa juste valeur et l'avaler, fut pour eux l'affaire d'un instant. « Ah! si tous les anarchistes étaient comme vous, » s'écrièrent-ils en chœur, en me rendant l'enveloppe de fer-blanc devenue inutile, avec un geste qui me rappela celui du juge de la fable partageant entre les plaideurs les écailles de l'huître ! Vraiment, la Providence nous comblait ! Cette succession de tuiles qui nous dégringolaient sur la tête attestait sa sollicitude à notre égard, et ne pouvait manquer de nous rendre plus facile l'accès du royaume des cieux.

Néanmoins, à ce feu d'artifice dont nous payions les frais. il manquait un bouquet : notre bonne Marie se chargea de nous l'offrir. Elle était partie, mettant la clef sous la porte, après avoir achevé le peu de vaisselle qui restait. « N'y touchez pas, il est brisé, » avait dit Sully-Prudhomme, dans sa ravissante poésie du vase! Ici, la recommandation était inutile; et ce fut avec une mélancolie au moins égale à celle de Marius assis sur les ruines de Carthage. que nous contemplâmes les débris épars sur le carreau ; décidément, les pays civilisés ne nous avaient pas réussi : « Nous aurions mieux fait d'aller au pôle Nord, disais-je tristement; « et moi, je regrette l'île déserte, » répliquait Olga.

C'est ainsi que le voyage d'agrément devint un voyage de désagréments, et que fut justifié une fois de plus le proverbe : « L'attente du plaisir vaut mieux que le plaisir lui-même, et le véritable bonheur, c'est le bonheur rêvé ! »

# TABLE

www.ingramcontent.com/pod-product-compliance
Ingram Content Group UK Ltd.
Pitfield, Milton Keynes, MK11 3LW, UK
UKHW020201130726
13696UKWH00002B/638